JN199217

台湾と山口をつなぐ旅

——從鄉里看廣大的世界, 見瞬息萬變的世界, 思考許多的問題——

栖来ひかり　Hikari Sumiki
著・絵

西日本出版社

まえがき

山口県出身で大学から京都の芸術大学で美術を学び、音楽や映像制作に携わっていた私が文章を書くのを仕事にするようになったのは、日本で知り合った台湾人男性と結婚して台湾で暮らしはじめ、子どもが学校に上がって少しずつ手が離れるようになってからのことだ。

2006年の結婚当初、初めて会った夫の大伯父からたいへん流暢な日本語で

「わたしは忘れられた日本人なんですよ」

と話しかけられ、じぶんの無知さかげんに強烈な恥ずかしさと怒りを覚えた。大伯父は日本兵としてフィリピンまで出征したという。台湾で暮らすようになるまで、かつて台湾が日本の領土だったことさえ、わたしは朧気《おぼろげ》にしか知らなかった。自分をふくめた日本人が、いかに台湾について知らないかということへの怒り。あのときの怒りが、その後に台湾について書く情熱をもやす石炭になっている。それからブログを中心に、フリーランスのライターとして日本の雑誌やインターネットメディアで文章を発表するようになった。

2017年の1月には、初めての自著『台湾、Y字路さがし。』（玉山社）を台湾で出版した。美術作家

の横尾忠則さんが発明したY字路（尖った三叉路）という概念をお借りして、台湾の各地にあるY字路から、その地域に眠る物語を発掘するという、ちょっと変わった街歩き本である。台湾各地を散歩しながら、台湾という場所が抱えるユニークな土地の背景や歴史を調べているうちに、あることに気がついた。山口県と関連する物事が、とても多いのである。

台湾は、複雑な履歴をもっている。

旧石器時代から元々「台湾原住民族」と呼ばれる20以上の先住民（２０１８年には16部族が政府の認定を受けている）が暮らしていた台湾に、中国から漢民族が少しずつ移住をはじめる。17世紀の大航海時代には、オランダとスペインが台湾を海洋上の重要な拠点とみなして領有した（オランダ時代）。

その後、明朝の復興をめざし、１６６１年より１６６４年まで台湾を治めた鄭成功《ていせいこう》（長崎生まれで母親は日本人）の活躍ぶりは近松門左衛門によって『国姓爺合戦』という人形浄瑠璃にもなったが、満州族の打ち立てた清朝に敗れ、台湾は清国の統治下にはいる。

それから、日本と台湾との50年におよぶ深い関わりが始まる。

というのも、明治期に突入した日本が清国と戦争をし、それに勝った賠償に含まれていたのが台湾だったからだ。清国側は、台湾を日本へ譲渡することにかなり抵抗したというが、ついに１８９５（明治28）年、山口県下関市にある料亭・春帆楼《しゅんぱんろう》にて日本側の提示した降伏条件をすべて呑み、日清講和条約に調印して日清戦争は終結した。

ここから太平洋戦争が終わるまでのちょうど50年を、わたしは台湾の「日本時代」と呼ぶことにしたい。元々、戦後に中国から台湾に政権を移した中華民国・国民党の歴史教育のなかで、日本時代のことは「日據時代《ズーチュイスータイ》」と呼ばれて来た。「據」は占領という意味をもち、侵略的な意味合いが強い。しかし台湾社会がだんだんと民主化されるにしたがって、台湾を主体とする「台湾アイデンティティー」がはっきりしてくると、国民党の行った歴史教育への反発が強まり、今度は「日治時代《ズーツスータイ》」という言いかたも広まった。治めるとは「統治」の意味で、「據」よりも肯定的なイメージが含まれ、どちらの呼び方を使うかは、個人の政治イデオロギーに左右されることが多い。

この「日治時代」という言い方は、日本語に翻訳されて「日本統治時代」と称され日本でもよく使われるが、「治」か「據」かというのは台湾の人々が決めることであって、日本人側からその時代をどちらかに評価するのは避けたい、というのがわたしの立場だ。そこで、この書籍の中では「日本時代」という呼び方を採用している。ちなみに台湾の研究者や文化人の中でも、台湾という場所が経験してきたことをみな台湾の歴史の一部とみなし、台湾アイデンティティーとして向き合いたいという意味で、「日本時代」という言いかたは少しずつ広まりを見せている。

山口県と台湾のつながりの話に戻ろう。

日本時代には台湾の台北市に台湾総督府（現在の総統府の建物）が置かれ、その総督に就いた日本人は全部で19名いるが、その中で

第2代　桂太郎《かつらたろう》（1896年6月〜1896年10月）

第3代　乃木希典《のぎまれすけ》（1896年10月〜1898年）

第４代　児玉源太郎《こだまげんたろう》（１８９８年～１９０６年）
第５代　佐久間左馬太《さくまさまた》（１９０６年～１９１５年）
第11代　上山満之進《かみやまみつのしん》（１９２６年～１９２８年）

と5名が山口県出身者だ。

他にも、日本時代にできた台湾初のデパート「菊元百貨」や、台南市で人気の観光スポットになっている「林百貨店」の創業者が山口県出身だったり、日本の特別天然記念物に指定されている秋吉台を戦後に米軍の爆撃演習から守ったのが湾生《わんせい》（日本時代に台湾で生まれた日本人）の県知事であったり、台湾でいま食べられている蓬莱米の故郷がじつは山口県であることなど、調べれば調べるほど、台湾と山口のつながりエピソードは枯れることのない温泉みたいに湧き出してくる。

にもかかわらず、台湾はもとより日本、また山口の地元でもこれらは全くというほど知られていない、この歯がゆさ。

なんとかしなくちゃ。そんな思いで２０１８年1月に台湾で出版したのが『山口，西京都的古城之美　走入日本與台灣交錯的時空之旅』という書籍だ。日本語訳すれば「西の京・山口、古都の美～日本と台湾をめぐるタイムトラベル」という意味である。出版社から最初は「京都について書きませんか」というオファーをもらったのだが（大学から10年暮らした京都は第二の故郷でもある）、編集者とじっさいに会って話し、出身は山口県で実は台湾と山口県の縁がふかいことを話したら、とても興味を持ってくれた。しかもこれまで、山口県にピントをあてて書かれた本は、旅行ガイドを含め台湾では1冊もない。日本全国の都道府県のなかでも、山口県の知名度は台湾人にとってかなり低かったからだ。

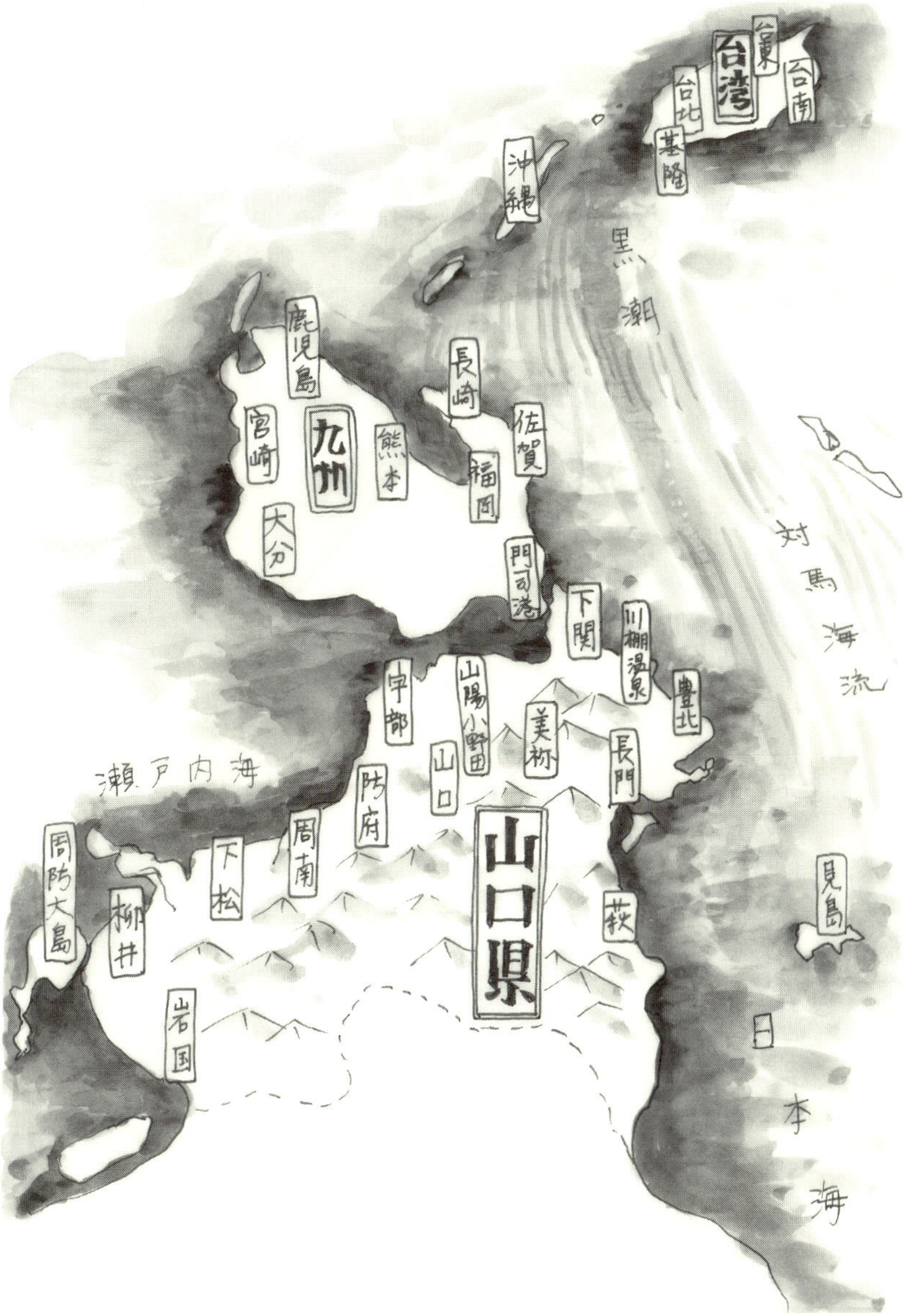
台東
台湾
台北
台南
基隆
沖縄
黒潮
鹿児島
長崎
宮崎
九州
熊本
佐賀
福岡
大分
対馬海流
門司港
下関
川棚温泉
宇部
山陽小野田
美祢
豊北
長門
瀬戸内海
山口
防府
周南
山口県
周防大島
下松
柳井
萩
見島
岩国
日本海

しかし出版後、本を読んで山口県にさっそく足を運んでくれた読者も何人もいる。『山口，西京都的古城之美　走入日本與台灣交錯的時空之旅』は、日本の地方の1つの県を隅々まで紹介する唯一の本であると同時に、台湾の方自身もそれまで知らなかった台湾の歴史を知ることのできる本として、静かに話題になりつづけている。

台湾の街を歩いたり調べたりしているうちに、山口の先人たちの足跡を多く見つけたときの驚きと喜び。それは異国に嫁いだ自分の足元が、海を越えた故郷とたしかにつながっていることを教えてくれた。そしてさらに台湾というフィルターを通すことで、山口県という土地がどのような歴史と風土を持ち、世界のなかでどういった役割を担ってきたのかを、また違った角度から見つけられたように思う。他者を鏡として、ひとは自らの姿を見つめ直すことができる。そんなわけで本書は、台湾を通してみる「山口発見記」でもある。

本書を通して山口県についての興味を深めるのはもちろん、これを機に台湾を訪れて台湾のもつ豊かさに触れ、あたらしい故郷を、あたらしい自分を発見する。そんな旅のきっかけになればと願っている。

もくじ

Chapter 5 美祢 mine　107

Chapter 6 山陽小野田・宇部・新山口 sanyo-onoda,ube,shin-yamaguchi　117

Chapter 14　山口地酒めぐり　209

Chapter 1

山《やま》口《ぐち》

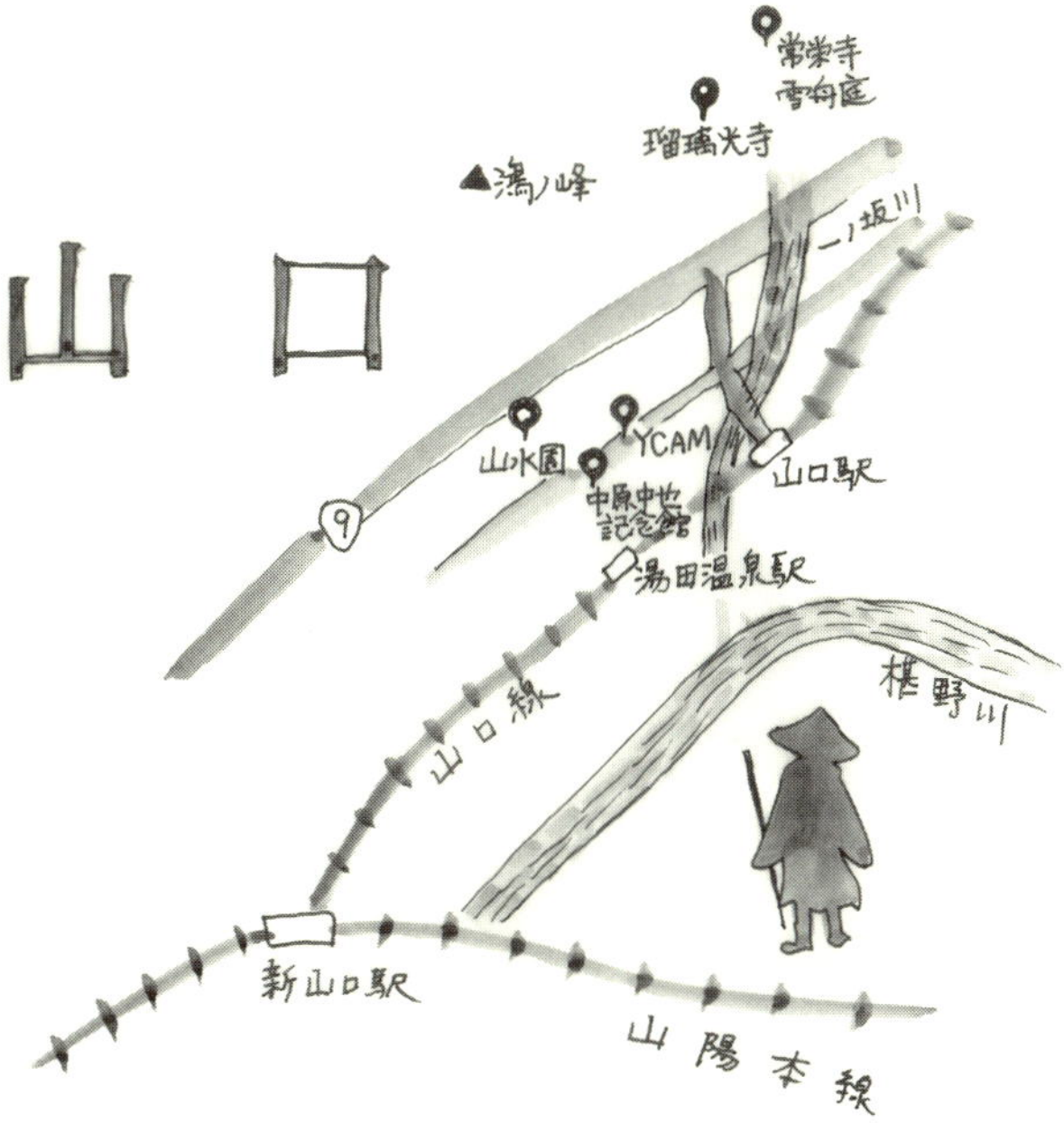

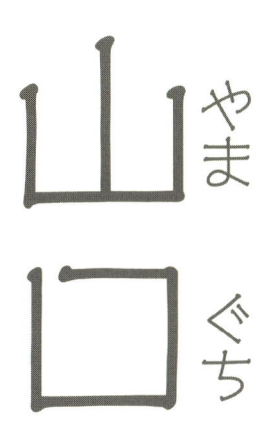

ふるさとの水をあび

◇大内文化ひらく◇湯田の湯をあび◇台湾に渡った建築家・野村一郎◇台湾倉庫王・三巻俊夫◇林百貨店と林方一

年とれば故郷こひしいつくつくぼうし（山頭火―山口県防府《ほうふ》市生まれの俳人）

新幹線の停まる新山口駅からローカル線に乗り換えて、20分ほどで到着するのが山口市街、県庁もある山口県の「へそ」である。ここで中学校から高校までの6年間を過ごし、その後も山口市内にある実家に帰省している私にとって、もっとも「ふるさと」という感じのする場所だ。

高校のころは退屈で仕方がなく、はやく外に出たいとおもっていた。それから何年も経って今度は子どもを連れて帰るようになり、豊かな自然や公園、おいしい地酒に食事に温泉と、土地の恵みをありがたく思うようになった。かつては興味の持てなかった郷土の歴史にも触れる機会がふえ、帰るたびに愛着が増すのを感じる。

山口は、1360年室町の頃に大名・大内弘世《おおうちひろよ》によって築かれた街である。椹野川《ふしの》を中心とした盆地で、京の都を模して街づくりが進められ、多くの職人や文化人が京都から招かれた。弘世の子で、自らを朝鮮の百済《くだら》王の末裔《まつえい》であると名乗った大内義弘《よしひろ》が、海を隔てた高麗《こうらい》や明《みん》と盛んに貿易をおこなって莫大な富と

緑に包まれる夏の五重の塔。
秋は紅葉、冬は雪をまとって美しい。

力を養うと、山口は「西の京」と呼ばれるほどに繁栄し、この時に生まれた文化は「大内文化」と呼ばれた。いまの山口市街は、高いビル街があるわけでもなく、山陽本線からも外れ、人口も県内では3番目という静かな地方都市だ。街を歩けば県庁があるとは思えないほど閑散として、600年前にそれほどまでに栄えた場所だったと言われても今いちピンと来ないのだが、国宝に指定されている瑠璃光寺《るりこうじ》（山口市香山町7—1）五重塔附近の街並みをはじめ、画聖・雪舟がつくった庭が有名な常栄寺《じょうえいじ》（山口市宮野下2001）など、大内文化の名残はところどころに留められている。

瑠璃光寺五重塔は、大内義弘を弔うために建てられた塔で、日本三名塔の一つに数えられている。第13代毛利家当主・毛利敬親《もうりたかちか》の墓所もある。関ヶ原で敗戦した毛利氏が、領土を減らされ長州の藩主となったとき、城を建てる第一希望が防府の桑山《くわやま》で、第二希望がここ瑠璃光寺の脇にある鴻之峰《こうのみね》だった。それが認められずに萩の指月山《しづきやま》に城を築いたものの、幕末になって病気の療養のためと言って山口に居た毛利敬親が、幕府に無断で藩庁を山口に移した。この幕末のどさくさ紛れの移転のおかげで、いま山口市に県庁があるのだが、もしそうでなかったら、中心都市がなく街がまばらに点在する山口県の風景は、随分と違ったものになっていたかもしれない。

瑠璃光寺の五重塔は京都の東寺と同じく木造だが、屋根が茅葺きで軽いので姿はほっそりと優美で、法隆寺の国宝・百済観音《くだらかんのん》の柳腰をほうふつとさせる。山を背にした塔のまえには池がひろがり、夏は燃えるような緑、冬は雪景色を映してうつくしいが、これで拝観料を取らない瑠璃光寺は、たいそう気前が良いように思う。

毎年8月6・7日に何万個もの赤ちょうちんが夏の夜に浮かぶ「山口ちょうちんまつり」は、うしなわ

一時はLED電球が使われたこともあったが、
趣きがないと、ろうそくへ戻された。
ゆらゆらゆれる炎が夢幻へとさそう。

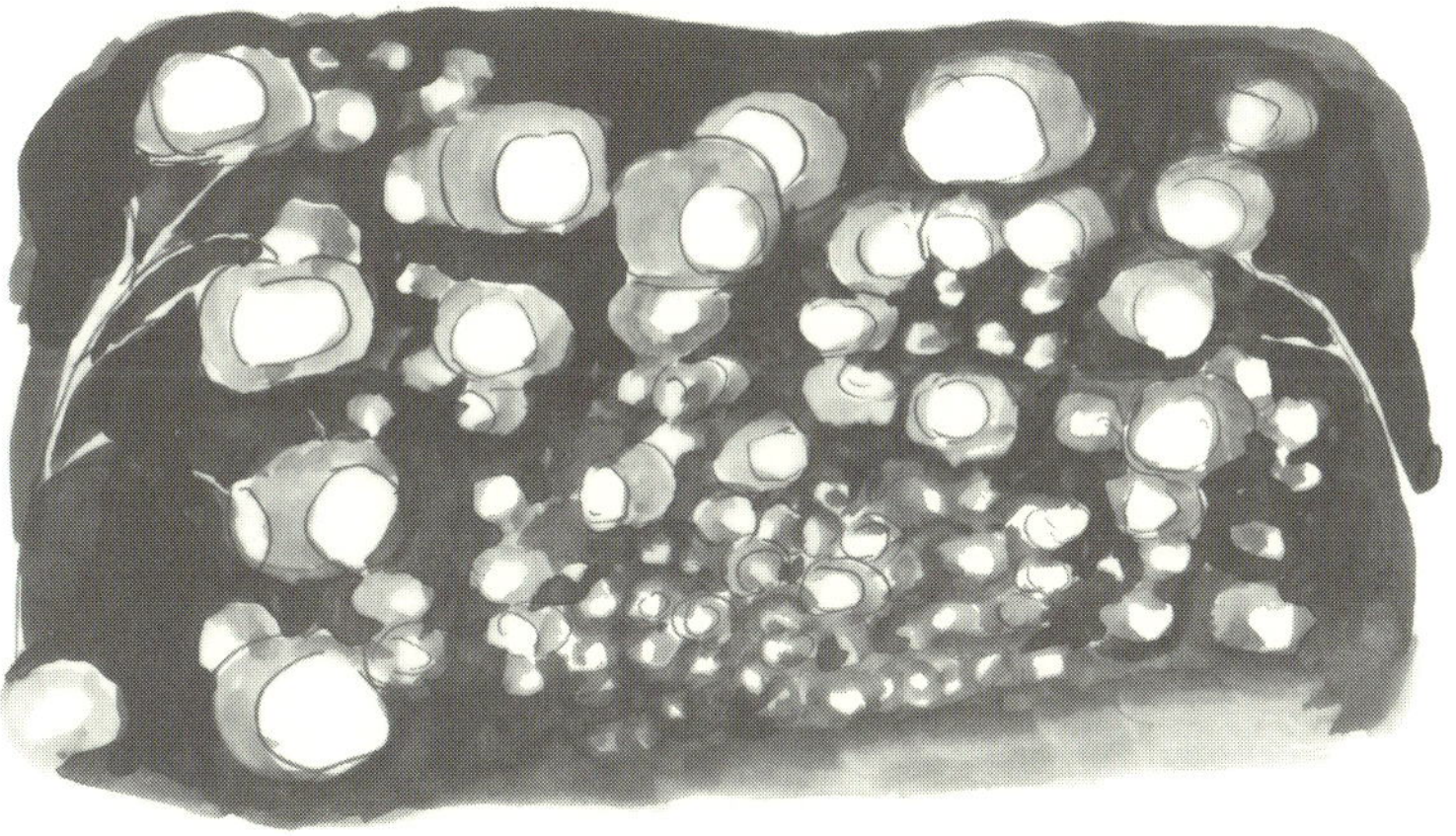

れた優美な大内の世を今に伝える。一本の笹に十数個も付けられたちょうちんには本物の火が使われ、揺らめく火のトンネルはあの世に通じるように、うつくしい。

瑠璃光寺からしばらく東にいくと常栄寺がある。雪舟庭とよばれる庭園をもつ臨済宗のお寺だ。国内外からの文化・学問・思想をとりいれ、経済発展とともに文化的な都市づくりを目指した大内氏を頼って、室町の時代には多くの文化人やカソリックの宣教師が山口に逗留したが、中国の山水画の模倣をこえて日本独自の水墨画の境地を確立した画聖・雪舟（１４２０—１５０６）もそのひとりで、山口県下には多数の雪舟作と伝えられる庭が残されており、常栄寺の雪舟庭はその代表作といわれる（ちなみに表側の石庭は著名な作庭家・重森《しげもり》三玲《みれい》の作）。南側の山を借景としてゆったりと広がる枯山水は、江戸時代の大名庭園とは違った趣の大らかさが感じられ、山口のなかでも私のお気に入りの場所だ。２００２年にはこの庭で、ＮＨＫ朝の連続テレビ小説『あまちゃん』でお茶の間でも知られるようになった現代音楽家・大友良英《おおともよしひで》氏のライブも行われた。雪舟によってちりばめられた石のひとつひとつの背後に演奏家が隠れ、夜の雪舟庭を舞台に野外ライブが繰り広げられたらしい。山に囲まれ池を擁する雪舟庭の虫、蛙や鳥の鳴き声、水の流れる音とまじりあった大友オーケストラの演奏は、さぞかし素晴らしかったのではないだろうか。いつかそのライブ録音（ＣＤ収録）をイヤホンで聞きながら、雪舟庭の前に座ってぼんやりしてみたい。

現代音楽・現代アートといえば、文化スポットとして目覚ましいのが、２００３年に竣工した山口情報芸術センター（通称・ワイカム／ＹＣＡＭ）（山口市中園町７―７）だ。設計は磯崎新《いそざきあらた》。日本屈指ともいわれる音響設備を備えたミニシアターや、メディアアート・現代美術の企画展、世界的なアーティストのパフォーマンスやライブも少なくなく、併設された市立図書館やワークショップが市民と現代アートの懸け橋となっている。

京都から貴族の姫君を迎えた大内氏が、姫の寂しさを紛らわせるために蛍を放流したといわれる一ノ坂川は、清流の脇に春は桜並木がうつくしく、初夏は天然記念物のゲンジボタルの瞬きが夜のせせらぎを照らす。かつては武家屋敷が並んでいた一ノ坂川沿いは閑静な住宅街だが、近頃は面白いカフェやレストランがだんだんと増えている。筆者のお気に入りは、ベジタブル喫茶ＴｏｙＴｏｙ（山口市後河原37―1）のベジタリアンプレート。県下の「道の駅」めぐりが趣味のオーナー夫妻があちこちで見つけてくる旬の野菜に、ひと手間もふた手間も掛けた美味しいごはんを食べると、内臓がすっきりと元気になる。

それからＹＣＡＭで映画をみるか雪舟庭でぼんやりしてから、瑠璃光寺ちかくのムラタ酒店（山口市上竪小路75）で店主おすすめの地酒を買い、湯田温泉の「山水《さんすい》園《えん》」の外湯でひとっ風呂浴びて家に帰る。これが山口で過ごす「栖来《すみき》的最高の一日」かもしれない。

ふるさとの水をのみ水をあび　（山頭火）

山口市街には温泉がある。開湯は600年以上前、白狐が発見したという伝説のある湯田温泉だが、中でも格式の高い旅館のひとつ「山水園」（山口市緑町4―60）をたずねた。創業者の中野仁義氏が海運で成功した実業家の別荘を買い取り、増築して旅館経営を始めたのが始まりで、1963（昭和38）年には昭和天皇・皇后両陛下も宿泊され、その建築・庭とともに国の文化財として指定されている。その山水園を、現在のオーナー・中野愛子社長と散歩した。

湯田温泉はそもそも、非常に湯量の豊富な温泉地だ。戦後に日本の傷痍軍人のために設立された温泉病院は全国に13か所あるが、湯田温泉が一番はじめという。山水園を創業した愛子社長の父親・仁義氏は合わせて3回ほど泉源を

笛吹嘉一郎の遊び心が
「山水園」のいたる所に凝らされている。

採掘しており、1本目は36℃、2本目は65℃、3本目に500メートルほど掘った湯が78℃ほどで、今はその3本をミックスした湯を使っている。すべて源泉を利用した「源泉かけ流し」方式の宿である。

特に見応えがあるのが、山水園の数千坪の庭園を臨む本館の建築だ。手がけたのは日本の数寄屋《すきや》建築の巨匠、笛吹嘉一郎《うすいかいちろう》。表千家の13世家元・即中斎《そくちゅうさい》のころに活躍し、宝塚歌劇団を作った実業家・小林一三《いちぞう》の茶室や、京都嵯峨の大河内《おおこうち》山荘など伝統建築を数多く手がけた棟梁だが、山水園の設計施工においては、あまたの有名茶室の意匠をコラージュするなど、正統派数寄屋作りの匠ならではの粋と遊び心が各部屋に凝らされており、専門家に「まるで和風建築の博物館のようだと言われた」と愛子社長は笑う。

庭に出ると、緑が呼吸しているように輝く。この広大な庭園を維持するために薬品はほとんど使っていないというので驚いた。

「松がまったく枯れていないでしょう」

その代わりに利用するのが、発酵バクテリア。東北大の教授の研究によるもので、取り入れて2週間で効果がでて、土がふかふかになったそうだ。緑が元気なぶん、植木職人さんの技術も際立つ。整えすぎてもいけない、ちょうどいい感じに出来るようになるのは、経験と時間を要する。14室という規模の旅館でこの施設を維持していくのはさぞ大変では、と思うと矢張りそうで、先日は庭の池をクラウドファンディングで資金を募って修繕したという。伝統的和風旅館の女社長というと、いかにも和服に髪を結いあげた女将のイメージだが、愛子社長はショートヘアにワイシャツ・スラックスといういで立ちで、快活にてきぱきと喋るのがかっこいい。発酵バクテリアやクラウドファンディングなど、伝統的なだけでない、面白いことはどんどん取り入れる。保守的な土地と思われがちだが、「ユニクロ」のファーストリテイリングや「獺祭《だっさい》」の旭酒造なども生んだ山口県は、そんな「別の顔」も持つようで興味がわいた。

宿泊しなくても利用できる外湯「翠山《すいざん》の湯」は私のお気に入りの温泉で、帰省すると一度はかならず行く。露天風呂には小さな網が置かれていて、「このお風呂は自然との共生を目指しています。もし困っている虫がいたら、この網で助けてあげてください」という注意書きがされている。人と自然の共生。山水園の庭を眺めながら、風呂に浸かって山口の空気を肺いっぱいに吸いこむ。ゆっくり吐いていると、そこから自分も山口の自然の一部になる。

鴻の峰　邃《ふか》きみどりを　あさゆふに　窓にあふぎて
ふるき代の　雅びのまちの　栄荷《はえにな》ふ　われらが学舎《まなびや》
あゝ山高　矜《ほこり》はたかく　享《う》け継ぎて　けふも励まむ

卒業して25年ちかく経つので、もう忘れているだろうと思ってインターネットで動画を探してみたら、なんの、案外と覚えているものだなあ。何のことかというと、母校・山口高校の校歌の話だ。冒頭は、学校正門の正面奥にそびえる「鴻の峰」、長州藩主の毛利輝元が築城を二番目に希望した山だ。長州藩校・明倫館の流れをくみ１８７０（明治３）年に山口中学校として開校、２０１０年に１４０周年を迎え、政治家や経済人を多く輩出しているが、じつは台湾で活躍したひとも少なくない。

ふるさとの学校のからたちの花（山頭火）

吉敷《よしき》郡吉敷村（現在の山口市湯田温泉附近）に生まれた野村一郎（1868—1942）は、1887（明治20）年に山口中学校を卒業後、第三高等学校（現在の京大）を経て、東京帝国大学工科大学にて建築工学を専攻した。1900（明治33）年には台湾総督府技師として台湾へ赴任し、兵舎・学校・官庁・病院・工場を設計する。木材防腐工場開設や白アリ予防など亜熱帯に適した衛生的な木造建築の研究にもつとめ、代表的な作品に、台湾総督府官邸（現在の台北賓館／1901）と国立台湾博物館（1915）がある。1910（明治43）年にはイギリスで開かれた日英博覧会の台湾館を設計し、名誉大賞を受賞した。

また、戦前の台湾で「倉庫王」の異名をとった実業家・三巻俊夫《みつまきとしお》（1879—1961）も山口中学校の出身だ。同期に後の日産コンツェルン総帥・鮎川義介《あゆかわよしすけ》がおり、生涯を通じて交流があったという。京都帝大から台湾銀行に就職し、1916（大正5）年に「臺灣倉庫株式會社《たいわんそうこかぶしきがいしゃ》」の取締役に就任、増加する砂糖や樟脳《しょうのう》製品のための倉庫や運送など流通インフラを整えた。尋常でないほどのゴ

台湾の日本時代を代表する
建築設計者・野村一郎。
「野村」姓は、山口周辺に多い。

ルフ好きで、台湾名士たちの社交場となってきた台湾最初のゴルフ場「老淡水《ラオダンシュエイ》」（台灣《たいわん》高爾夫《ゴルフ》倶楽部《くらぶ》、２０１９年に百周年を迎える）の設立メンバーのひとりでもある。文才に長け、回顧録『在台三十年』ほか『猫の髭』『赤道を横切る』『台湾倉庫株式会社二十年史』などの著書をのこした。終戦を迎え「帰化しても台湾に残る」とまで言った三巻だが、ついに引き揚げとなり2泊した基隆《ジーロン》の倉庫で悔し涙を流し続けるほど、台湾での生活を熱愛したという。台湾の自宅は当時の住所で「築地町1丁目8番地」。先日来台された三巻俊夫のお孫さんにあたる弘さんと一緒に探しに行ったら、その名残を西門《シーメン》町の電影公園《ディエンインゴンユエン》裏にみつけた。瀟洒な石の門構えと植栽のある一角が、まわりのＴＡＴＯＯ店や雑居ビル、ストリートペインティングが壁に施された雑然とした街並みの中にぽつんとたたずむ。

淡水で鍛えた体、長持ちし

晩年に詠んだこの句のごとく、三巻がいつまでも抱き続けた台湾への思慕が、川に近い西門町の片隅にひそやかに生きているようだった。

「倉庫王」と呼ばれた三巻俊夫。

日本時代の台湾で活躍した山口県人は、山口中学校出身者ばかりではない。

山口市街からずっと北東に向かって、着物の懐の合わせ目のように連なっていく山並みが島根県境に近づいたあたりに、佐波《さば》郡《ぐん》柚野《ゆの》村《そん》（現在の山口市徳地）がある。民家もまばらで、1955（昭和30）年に竣工した佐波川ダム建設のため、村の中心部の200数軒が水底に沈んだこのあたりは、雪も多く交通も不便な地域だが、ここで生まれたのが、現在、台湾南部の都市・台南の観光スポットとして人気の高い「林百貨店《はやしひゃっかてん》」を創立した林方一《はやしほういち》（1883―1932）である。方一は4歳で母親を、7歳で父親をそれぞれ亡くし、姉ひとり弟ひとりの3人兄弟で叔父に引き取られ大きくなった。19歳で里を離れ山陽鉄道株式会社に就職したのち、29歳のとき新天地に希望を抱いて台湾へと渡る。その際に、方一は地元の友人たちに「吾若《われも》し臺灣《たいわん》の　三越大丸たるを得ずんば再《また》と卿等《けいら》相見《あいみ》ざるべし。」という勇ましい言葉を残している。

台南の日吉屋という呉服商で働き始めた方一は、懸命に働き帳場を任されるようになり、1918年（大正7）に独立して林方一商店を開いた。呉服以外にも各方面に商才を発揮した方一は、当時の都市計画で幹線道路となる予定だった土地を手に入れ、1932年（昭和7年）の8月20日に現在まで残る林百貨店（臺南市《タイナンシー》中西區《ツオンシーチュイ》忠義路《ツオンイールー》二段《アードゥアン》63號《ハオ》）の建設に着手する。しかしその後、過労が祟ったのか体調を崩した方一は、11月に台南病院に入院。それから、ずっと夢見ていた12月5日の開幕式に出席することなく、12月10日にこの世を去る。享年50歳。亡くなった方一を乗せた霊柩車は、開幕したばかりの林百貨店の前で別れを惜しんでから、火葬場に向かったという。

方一亡きあとは、方一の妻・としが中心となって台湾人・日本人スタッフとともに商売を盛り立て、林百貨店は当時の地元民の憧れの場所となる。上階の洋食レストランではトンカツやオムライスが供されたが、その値段は当時の一般的な台南人の1か月分の給料というほど高価だった。

日本の敗戦と共に廃業（屋上には今も米軍爆撃跡がのこる）した林百貨店の建物は、戦後は国民党政府の事務所として使われていたが、1980年代以降に廃屋となり、地元でも「お化けビル」と呼ばれていた。そんな林百貨店が復活したのは、市定古跡《していこせき》に指定されたあと。2010年より修復工事がはじまり、2013年に台南の旬なクリエイティブを発信する施設「林百貨店」として蘇り、台南を訪れる観光客にとって外せない名所となった。林百貨店で広報を務める曾芃茵《ツォンポンイン》さんのこんな一言が印象的だ。

「かつては台南からひろい世界が見渡せる場所だったけれど、今は世界から台南を見てもらう場所、それが林百貨店なんです」

復活した林百貨店を訪れた。

台湾で最もはやくひらけた古都である台南。その街で初めて出来たデパート、初めて出来たエレベーターのある建物、当時の台南で最もモダンな建築。林百貨店の端から端まで、山口県の山中の貧しい村からひとり台湾へと渡った青年のあふれんばかりの夢が詰まっているのだと、胸がいっぱいになった。台湾は当時、日本の領土ではあったけれども、同じく日本の貧しい庶民にとっても、夢を叶えられるかもしれない宝島だったと思う。林方一亡き後も、支配人・藤田武一はじめ林百貨店の経営に当たった多くが山口県の出身者だった。「山口弁」が飛び交っていたかもしれない、当時の超モダンで最先端のデパートを、思わず想像してしまう。

帰郷

◇中原中也《なかはらちゅうや》の詩碑◇藤田伝三郎と台湾◇鉱山王・久原房之介《くはらふさのすけ》

山口の山陽側で、もっとも大きな温泉地だけに大小の旅館が集まっている湯田温泉は、市街にあるために温泉街の雰囲気はあまりなく、わたしが学生の頃までは、むしろ歓楽街としてのイメージが強かった。日本の温泉街は高度経済成長からバブル経済期にかけて全盛を極めた半面、どこの温泉街も大型化・歓楽化したことで、バブル崩壊後に大きな痛手を受けた。多くの旅館がつぶれ低迷期を迎えた温泉業界だが、近年はそれぞれの温泉街が「わが町」の特色をさがし、デリケートな街づくりに取り組むようになった。湯田温泉でも近年は、女将の水芸でテレビにもよく出る常盤《ときわ》旅館（山口市湯田温泉4―6―4）「女将劇場」をはじめ、カフェを楽しめる足湯や、レストラン、バーが増えて活気を取り戻している。老舗の寿司店「栄寿司」（山口市湯田温泉1―11―5）の娘さんがお向かいの古民家を利用して開いたジェラート専門店「ＰＥＲＯ」（山口市湯田温泉1―7―26）もそんな店のひとつ、県産の牛乳やフルーツを使ったジェラートが評判で、夕方までには売り切れてしまう。

湯田温泉で生まれた詩人がいる。日本の近代詩に大きな足跡を残した中原中也（１９０７―１９３７）

である。開業医の長男としてうまれ、母親は茶道の先生だった。小学校時代は神童とよばれるほど優秀だったが、中学生になると文学にのめりこんで落第。世間体を気にした父親は、山口中学校を中退させ、中也を京都へと送った。さらに退廃的な文学世界へとはまりこみ詩作をはじめた中也は、18歳で上京。東京外国語大学のフランス語科をからがら卒業して『ランボオ詩集』を日本で初めて翻訳し、30歳で病死するまでに350篇ほどの詩を残した。同時代の批評家・小林秀雄をはじめ、小説家の大岡昇平や三好達治、美学者の青山二郎と共に、この時代の文壇を築いた「永遠の不良少年」中原中也の熱狂的なファンは、今もすくなくない。

そんな中也ファンの聖地ともいえるのが、湯田温泉にある中原中也記念館（山口市湯田温泉1―11―21）だ。中也の生家である中原医院跡地に建てられた。1994年に開館した際には現代詩の文学賞「中原中也賞」が設けられ、いまも若い詩人たちの登竜門として人気がある。

中也が詩作を意識するようになったのは小学生の頃、可愛がっていた8歳の弟が亡くなった記憶に遡る。かつて吉敷村《よしきそん》といったこの地域に流れている吉敷川。その上流にある中原家代々の墓の付近にだけ、水が地下にもぐって地表に流れのない場所があり「水無川」とよばれていた。小石ばかりで水のない川に、せせらぎのようにさらさらと陽の光があたっていて、そこに飛んできた蝶々がふととまり、また何処かへ飛んで行ってしまう。両親に連れられて弟の墓に参った中也は、この水無川で見た光景にインスピレーションを得て、後に『ひとつのメルヘン』という詩をつくった。

『ひとつのメルヘン』は、小石にとまった蝶がどこかへ飛び去ったあとに、乾いて陽の当たっていた川底にいつのまにか水がさらさらと流れていた、と結ばれる。蝶々がとまっている刹那《せつな》とは、8歳の弟の死を通じて中也が体感した人生の儚《はかな》さだったろうか。ほんのわずかな時間だけでも、自分の創作が乾いた川にひとときの潤いをもたらし、透きとおった新しい世界を創造する。流れる水とはつまり文学の心である。それはタイトルのとおり単なるメルヘンでしか、ないのかもしれない。でも。詩にかぎらず、あらゆる創作者の願いと祈りが込められたような、美しい詩とおもう。

「だから、この詩は中也の詩作の原点ともいえるんです」というのは、中也の親戚という訳でもなく偶然にも同じ苗字をもつ、中原中也記念館の中原館長の言葉である。

地元・湯田温泉で長らく忘れられた存在だった中原中也の再評価がはじまったのは、湯田温泉駅にほどちかい井上公園にある中也の詩碑からだった。詩碑には病死する前に遺した、最後の作品『帰郷』の一節が刻まれていた。

「これが私の故里《ふるさと》だ
さやかに風も吹いている
（中略）
ああ　おまえはなにをして来たのだと……
吹き来る風が私に云《い》う」

井上公園は、幕末から明治にかけて活躍した政治家・井上馨《かおる》（1836―1915）を記念する公園である。湯田温泉に生まれた井上馨は、藩校明倫館で学んだあと江戸に遊学し、生涯にわたる盟友・伊藤博文と出会う。一時は尊皇攘夷思想に傾倒して過激な運動にかかわるが、のちに長州五傑（井上馨、遠藤謹助、山尾庸三、伊藤博文、井上勝）としてイギリスへ密航留学した際に、西洋との国力の差を目の当たりにした。それからは、鎖国中だった江戸幕府を開国させる方向に転じ、明治政府樹立後は政財界の重鎮として大きな力を振るった。もともと実業の才能に長けていたようで、長州五傑の留学の際も藩から出る資金では足りないところを、井上が調達してきた逸話が残る。明治維新以降の実業界・財界における井上の力は絶大だったとみられ、三井財閥や藤田組、毛利家などの財産家と組み、どうやら今でいう経営コンサルタントのような役割を担っていたようだ。

日清講和条約後に、台湾の鉱山の採掘権はすべて日本政府が握った。台湾北部の港町であり、金や銅はじめ鉱山として栄えた基隆《ジーロン》では、西側の瑞芳《ルイファン》エリアは藤田組に、東の金瓜石《ジングアシー》は田中長兵衛という人による田中組に、それぞれ採掘権が与えられた。

藤田組（のちの藤田財閥、現・ＤＯＷＡホールディングス株式会社）は、萩《はぎ》出身の実業家・藤田伝三郎（１８４１―１９１２）によって創立された。藤田は大阪を拠点に事業を拡大し、建設・土木、鉱山、電鉄、電力開発、金融、紡績、新聞などに手を広げて一大財閥をつくり、民間で初めて男爵の称号を得る。幕末当時は高杉晋作の作った奇兵隊に参加し、そこで築いた井上馨や山縣有朋《やまがたありとも》ら同じ長州出身の人脈を活用することで事業を成功へと導くが、台湾での基隆山における採掘権取得にも、井上馨の力が大きく働いたのは間違いない。

本書には台湾に縁のある山口県人が多く登場するが、元をたどれば井上馨の影響を多かれ少なかれ受け

長州出身の「黒幕」的なオッチャン3人組。
藤田伝三郎，井上馨，久原房之介。

ているようなところがある。石油がまだ登場する前の明治期にあって、炭鉱は国の心臓でありエンジンだった。当時、三井財閥最大のドル箱といわれた九州の三井三池炭鉱事業にも関わっていた井上は、国という機関車を動かすのに必要なものを熟知していたのだろう。

藤田伝三郎の甥に、田村市郎と久原房之介《くはらふさのすけ》という兄弟がいる。兄の田村市郎は下関で田村水産（現・ニッスイ／日本水産）を興し、トロール船などの近代漁業を日本に持ち込んだが、弟の久原房之介は久原《くはら》鉱業《こうぎょう》をひきいる久原財閥総帥として「鉱山王」の異名を取った。この久原鉱業、のちに日立製作所・日産自動車・日立造船・日本鉱業創立の基盤ともなった。

１９３３（昭和８）年に台湾の金瓜石鉱山を田中組から買い取った久原房之介は「台湾鉱業株式会社」を設立し、金瓜石鉱山は1年に１００万トンの鉱物を採掘する東洋一の大鉱山に成長する。

政界に入り「政界のフィクサー」とも呼ばれた久原は、右翼に資金援助をして二・二六事件にも関わったといわれる。戦後はA級戦犯容疑者となるが、辛亥革命のため総額３００万円（今でいえば数十億円）を孫文に支援した証文を提出し、不起訴となった。戦後は公職から遠のき、日中・日ソの国交回復に尽力したが、久原がかつて支援した孫文による中華民国（台湾）は、日中の国交回復と同時に日本と断交されたのだから皮肉な話だ。

１９６２（昭和37）年に作家の三島由紀夫から「中原中也と同郷ですよね」と声をかけられた久原は、中也がついに山口へ帰ることなく東京で病死した直前に書いた『帰郷』を知って感銘をうけたという。

猛烈な煙を噴き上げながら走る機関車のように、夢や理想・野望や欲をエネルギーに変えて疾走し、日本と台湾のみならず中華民国（台湾）・中華人民共和国の運命にも関わった久原房之介。その久原もまた、故郷・萩に帰ることなく東京で亡くなる。晩年は借金も少なくなかったようで、かつては孫文も訪れた東京白金台の本宅・八芳園《はっぽうえん》も人手にわたり、八芳園裏の質素な小屋にひっそりと暮らしていたらしい。

「ああ、おまえはなにをしてきたのだと吹き来る風が私に云う」

久原が晩年に出会った、中也の『帰郷』の一節が刻まれた詩碑を見に、湯田温泉の井上公園を訪れた。公園の中ほどに佇んでいる詩碑は、鉱物の結晶のような形をしている。中也ともっとも親交が深かったという小林秀雄の手書き文字から彫られた碑文を「ああ、おまえはなにをしてきたのだ」と目で追った瞬間、ちかくの湯田温泉駅を出発するＳＬやまぐち号のむせぶような汽笛の音が、吹き来る風にはこばれてきた。

蓬莱米の故郷

◇国分直一《こくぶなおいち》までのまわり道◇磯永吉《いそえいきち》と蓬莱米《ほうらいまい》

国分直一《こくぶなおいち》との思い出話をする人は、何だかとびきり嬉しそうな笑顔をみせる。晩年の国分直一と親交がふかく、国分が少年時代を過ごした台湾高雄《ガオション》の風景を実直な言葉でのびやかにスケッチした自伝『遠い空』を編んだ山口県立大学の安渓遊地《あんけいゆうじ》教授は、

「とっても偉い人なのに、こちらが話すことにいちいち感心してくれるので、段々と自分が偉くなったような気持ちにさせられたものです」

と笑った。

「80代になっても、毎年2冊の論文を出すぐらいお元気で、いちど小郡《おごおり》駅（今の新山口駅）で最終電車に乗るために走っている僕の横で、一緒に走ってくれた」そうで、お洒落にはまったく興味がなかったが、ビフテキとハヤシライスが大好物だったという。

太平洋戦争がおわり、32万人を超える日本人が台湾から日本へと引き揚げたが、そのなかで260人ほどの技術者と家族が中華民国政府の要請で台湾に残って仕事を続け「留用日本人《りゅうようにほんじん》」と呼ばれた。その留用

日本人のひとりで、台湾の考古学・民俗学の基礎をきずいたのが、国分直一だ。

国分直一は、東京都港区うまれ。少年時代を台湾南部の港街・高雄のなかの小さな漁港で過ごした。大学から内地（日本本土）に戻って京都帝国大学に進んだが、ときはマルクス主義全盛期、京都帝大で起こった思想弾圧事件「滝川事件」の影響もあり、友人たちは次々と逮捕・獄中死した。そんな状況を心配した台南の恩師から、台湾に呼びもどされ教師となった国分だが、研究への夢を忘れることはなく、台湾原住民（※1）について考古学の見地から研究することを決意し、台湾の歴史・民俗・考古学について多くの著作を残した。

（※1）日本のメディアでは、「原住民」が差別的な響きがあるなどの理由で「先住民」と表記されるが、先住民と台湾で言うと「すでに滅びてしまった民族」のようなニュアンスが出てしまう。また原住民という呼び方自体、以前の差別的な名称から社会運動の末に勝ち取られ当事者の誇りが込められていることに敬意を表し、本書でも「原住民」という表記を採用している。

1949（昭和24）年の2月28日、台北での闇タバコの取り締まりをめぐる衝突は民衆のデモを引き起こし、大規模な武力制圧「二・二八事件」へと拡がった。それが発端となり、史上もっとも長い38年の間つづいた台湾の戒厳令下では、多くの人が逮捕・投獄・処刑され「白色テロ」と呼ばれることになる。

社会情勢が険しくなったことを背景に日本へと引き揚げた国分は、いくつかの大学で教鞭をとったのち、下関市の梅光女学院（現・梅光学院大学）に着任。梅光女学院は成り立ちを1872（明治5）年にまで遡る伝統あるミッションスクールだが、戦前より台湾の名家の子女を数多く受け入れ、また在籍した台湾出身の教員も少なからず、台湾との縁が深いのは余り知られていない。台湾女性にとって自己実現のハードルが高かった日本時代に、初の女性ピアニストとして活躍した高慈美《ガオツーメイ》氏も同校の出身で、その秀でた容姿により1935（昭和10）年には日本の雑誌『主婦の友』6月号の表紙を飾った。そんな梅光女学院にて、国分直一は80代後半まで名物教授として学生を指導し、のちに山口市を終《つい》の栖《すみか》として暮らした。

山口市内にある、国分直一の自宅を見に行った。湯田温泉の赤妻《あかづま》団地のなかにある一軒家で、今は雑草の茂る空き家になっていた。わたしが中高を過ごした家からほど近い。ひょっとすると、国分先生と道ですれ違ったことだって、あったかもしれない。

国分直一が亡くなったあと、その膨大な蔵書は安渓教授の手で台湾の最高学府である台湾大学の図書館にすべて寄贈され、いまは台湾大学図書館5階で見ることができる。人の本棚というのは当人の頭の中をのぞき見しているようで面白いという

台湾南部、名門一族出身の
ピアニスト・高慈美（1921～2004）は、
1927年に下関の梅光女学院へ留学。
その後、東京の帝国音楽学校へ進み
ピアノを学んだ。

か、ちょっと後ろめたい感じを受けるものだが、台湾大学図書館で国分先生の脳みその一部を覗きみていると、一度も会ったことがないのに、とても慕わしい気持ちになった。かつて近所に住んでいた国分先生と出会うために、私はなんて遠回りをしてきたことだろう。

梅雨雲の霽《は》れまいとする山なみふるさと　（山頭火）

磯永吉《いそえいきち》博士（1886―1972）は、日本時代に農業技師・末永仁《すえながめぐむ》と共に蓬莱米《ほうらいまい》（台中65号）というお米を開発し「台湾蓬莱米の父」と呼ばれる農学者である。ぱさぱさと細長いインディカ米だった台湾のお米と、モチモチと丸いジャポニカ米のうち九州近郊で生産されていた1品種「中村種」を1000回以上かけあわせ、台湾の気候風土にあわせ改良された二期作のお米・蓬莱米は、台東の池上米など多くのブランドを産み、いまも日々台湾の食卓へと上っている。

山口農業試験場よりお借りした、磯永吉著『蓬莱米談話』（山口農業試験場／雨読会発行／昭和39年）の最後に収録されている「蓬莱米裏話」には、台湾の各地の農家と協力し合って研究をつづけた様子や、台湾北部の県・新竹《シンヂュ》の農家で作られた米が東京のお寿司屋さんに寿司米として輸出された際、それが台湾産のお米と気づいた客はひとりもいなかったことが記されている。中華民国政府の強い要望をうけ、1957（昭和32）年まで台湾に留用・研究をつづけた磯永吉は帰国先に山口をえらび、4年の滞在後に娘さんのいた横浜へと転居、晩年は岡山県で過ごした。中華民国政府は磯の功績に感謝して、磯が亡くなるまで毎年20俵もの蓬莱米を贈り続けたという。

磯永吉が帰国後に山口へ来た理由は、当時の県知事だった小澤太郎氏より山口農業試験場の顧問として招かれたからだが、さいきん台湾大学の磯永吉学会のレポートを読んでいて、驚くべき偶然に出会った。台湾に渡って蓬莱米となった「中村種」をさらに詳しく調べてみると、そのルーツは山口市小鯖《おさば》で伊藤音一《いとうおといち》という人がつくった穀良都《こくりょうみやこ》にあるという。つまり山口は蓬莱米の故郷にあたるのだ。ちなみに今、山口県下で作られている酒米「西都《さいと》の雫《しずく》」は、穀良都と山田錦とを交配したお米である。

かつて磯が眺めていたこの山口の田んぼで育っていた稲たちは、じつは台湾の蓬莱米の兄弟みたいな存在なのだ。果たして磯永吉がそれを知ったうえで帰国先に山口を選んだのかどうかは、わからない。

『蓬莱米談話』の半分以上は品種改良の複雑な過程や成果の論文で占められており門外漢のわたしにはチンプンカンプンだが、眺めているうちに心配になったの

が、近年よく問題として取り上げられている種子法廃止のことだ。こうして蓬萊米について調べるまで、毎日食べているお米がどういう風に作られてきたかなんて、考えたこともなかった。「種子法廃止」とは、平たくいえば「日本の基本食料である米・大豆・麦の種を国が守ることを放棄するもの」、つまり米をはじめとする主要作物のタネの研究・供給について、もう国は今後サポートしませんよ、ということだ。

もっとも心配されるのは、現場の農家が培ってきたノウハウや体制が混乱すること、さらには将来的に「簡単で育てやすい外国のタネに、現在ある国産種が駆逐されてしまう」ことである。それでふと思いついて、近くのホームセンター入り口にあるタネ売り場へ行った。ひとつずつ産地を確認して驚いた。200種類ほど売っていたタネの中で、日本で生産されているのは10種にも満たなかった。「京野菜」と銘打たれた「九条ねぎ」や「聖護院《しょうごいん》大根」のタネも、すべてイタリアやタイなど国外で生産されているものだ。

ホームセンターの帰りに運転しながら、梅雨にそぼぬれて瑞々しい山口の青田をながめ、先人の努力が積み重ねられた日本のおいしい米の来し方に思いを馳せた。人の知恵と技術が費やされた歴史ある建築が、公共の文化財として大事に保存されるならば、タネだってまた、大切に守り育てていくべきものではないだろうか?

Chapter 2

川棚温泉《かわたなおんせん》
豊北《ほうほく》

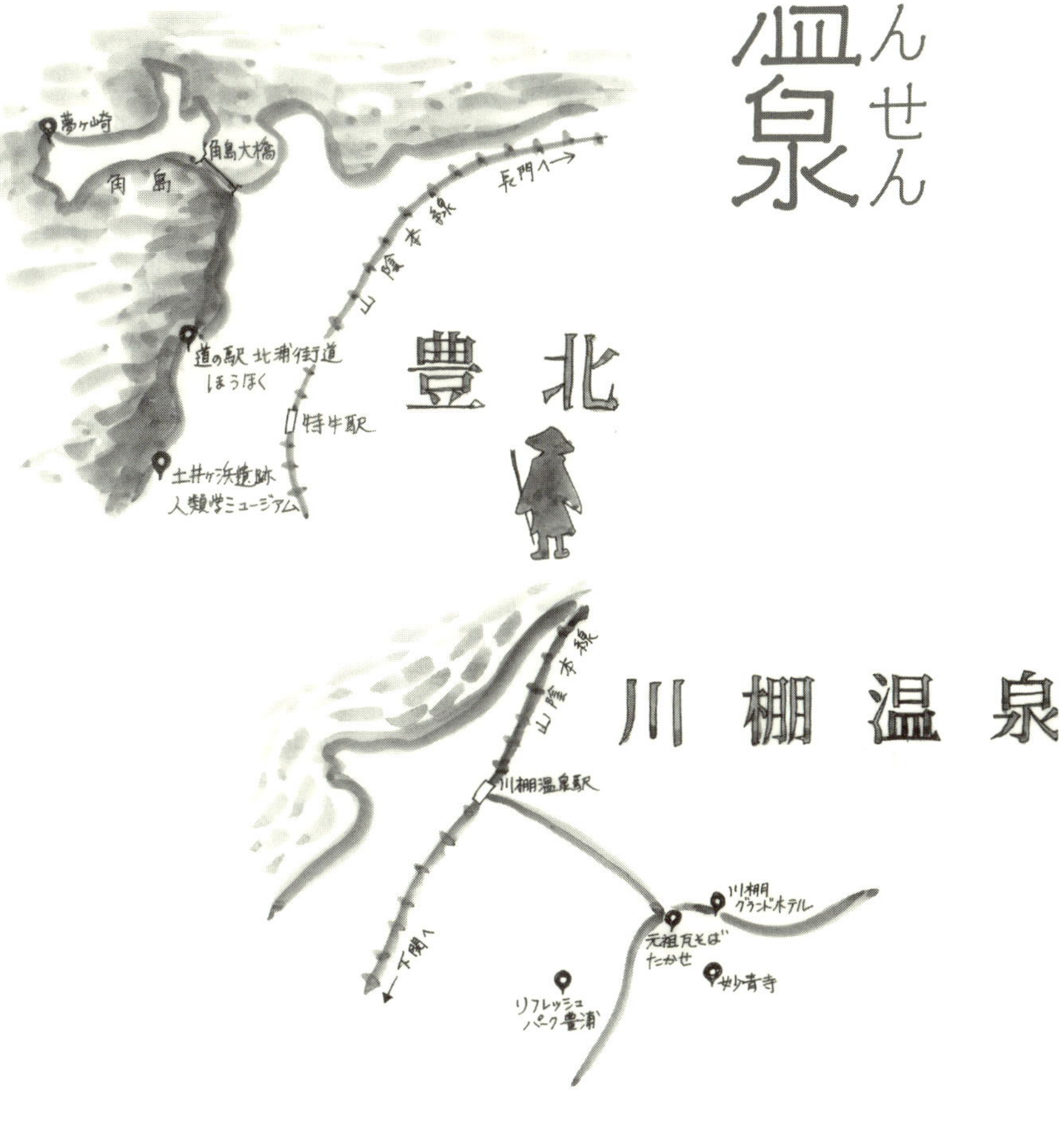

山頭火と川棚温泉

◇山頭火《さんとうか》と川棚《かわたな》◇アサギマダラの旅

人の声して山の青さよ　（山頭火）

山口県出身の俳人、種田山頭火が川棚温泉に滞在中につくった句である。山頭火は裕福な地主の家にうまれるが、幼いころに母親が自殺し、祖母に育てられた。酒と温泉がすきで、乞食坊主となって全国の温泉地を転々としながら多くの俳句をよむ。山頭火の句は定型にとらわれない「自由律俳句」と呼ばれ、自由奔放ながらも生きることの寂しさ切なさをすくい取り、今でも多くの人を魅了しつづける。

そんな山頭火の愛した川棚温泉は、わたしが小学校時代を過ごした場所でもある。開湯から８００年の歴史をもつ小さな温泉地、山に抱かれて湯が湧き、海にのぞむこの地。下関のまちなかで働いていた両親は、中心からすこし離れたこの田舎町を、家族の暮らす所として選んだ。

その時わたしはありったけの力で、その時代の日本の地方にあった自然と戯《たわむ》れた。日が暮れる直前まで砂浜で泳ぎ、わたしの皮膚はいつも洗っていない牛蒡《ごぼう》みたく日に焼けて黒かった。砂浜には洗剤の空き容器や缶などのゴミが流れついていて、拾い上げるとそこにハングル文字がみえた。一度も外国へ行ったことのなかったわたしが、目のまえの海とよその国がつながっているのを意識した最初の記憶である。

川棚のまちが見渡せる高台のそばに、色とりどりのコスモスが咲くので有名な「リフレッシュパーク豊浦《とようら》」（下関市豊浦町大字川棚２０３５―９）という植物公園がある。四季の植物や昆虫の生態観察が楽しめ、アサギマダラを迎えるためにフジバカマが植えられている。アサギマダラは25度前後の気温をもとめて春先に北上し、秋に南下するので「旅する蝶」と呼ばれている。移動距離が長いので、鳥に襲われないよう植物の天然毒を身体に蓄える性質をもち、有毒なフジバカマに飛んでくるという。

近年、川棚で育ってマークをいれたアサギマダラが、台湾西側の離島・膨湖島《ポンフー》でみつかった。川棚から台湾へ、わたしと同じ旅路を来たアサギマダラ。さわるとホロホロと崩れそうな白黒の薄い羽に、細く黒い手足。その華奢《きゃしゃ》な身体で山口から、阿蘇山や桜島、沖縄の島々を眼下に眺めつつ台湾に飛んできたかもしれないその旅を想う。

瓦そば

◇元祖瓦そば　たかせ◇劇場旅館　川棚グランドホテル

わたしが小さな頃から、すでに川棚の名物だった「瓦そば」。焼いた瓦の上に油をひき、茹でた緑色の茶そばを敷いて、載せられた牛肉・錦糸卵・ネギ・海苔・レモン・もみじおろしを混ぜつつ出汁に浸して食べるというナゾの一品だ。食べたことがなければ、説明されても想像に難いとおもうが、馴染みがあれば何かにつけて恋しくなる不思議な郷土料理。地元の一般家庭では瓦の代わりにフライパンやホットプレートを使って作り、私も台北の家で作って友人達をもてなしたことがある。

２０１６年の大ヒットドラマ『逃げるは恥だが役に立つ』に登場して全国的にも知名度が広がり、台湾でのイベントで「あのドラマに出た料理！」と言えば、沢山の方がわかってくれた。なぜか？　台湾の40—50代は日本ドラマで青春を過ごしたと言ってもいいほどの日本ドラマ通なのだ。『東京ラブストーリー』について問えば、どれだけ泣いたかを語ってくれる台湾友人はすくなくない。

そんな瓦そば、最初に考案したのはここ川棚温泉の「元祖瓦そば　たかせ」（下関市豊浦町大字川棚５４３７）である。

「たかせ」は創業55年、もとは旅館だった。かつて薩摩の西郷隆盛たちが戦った九州の西南戦争で、兵

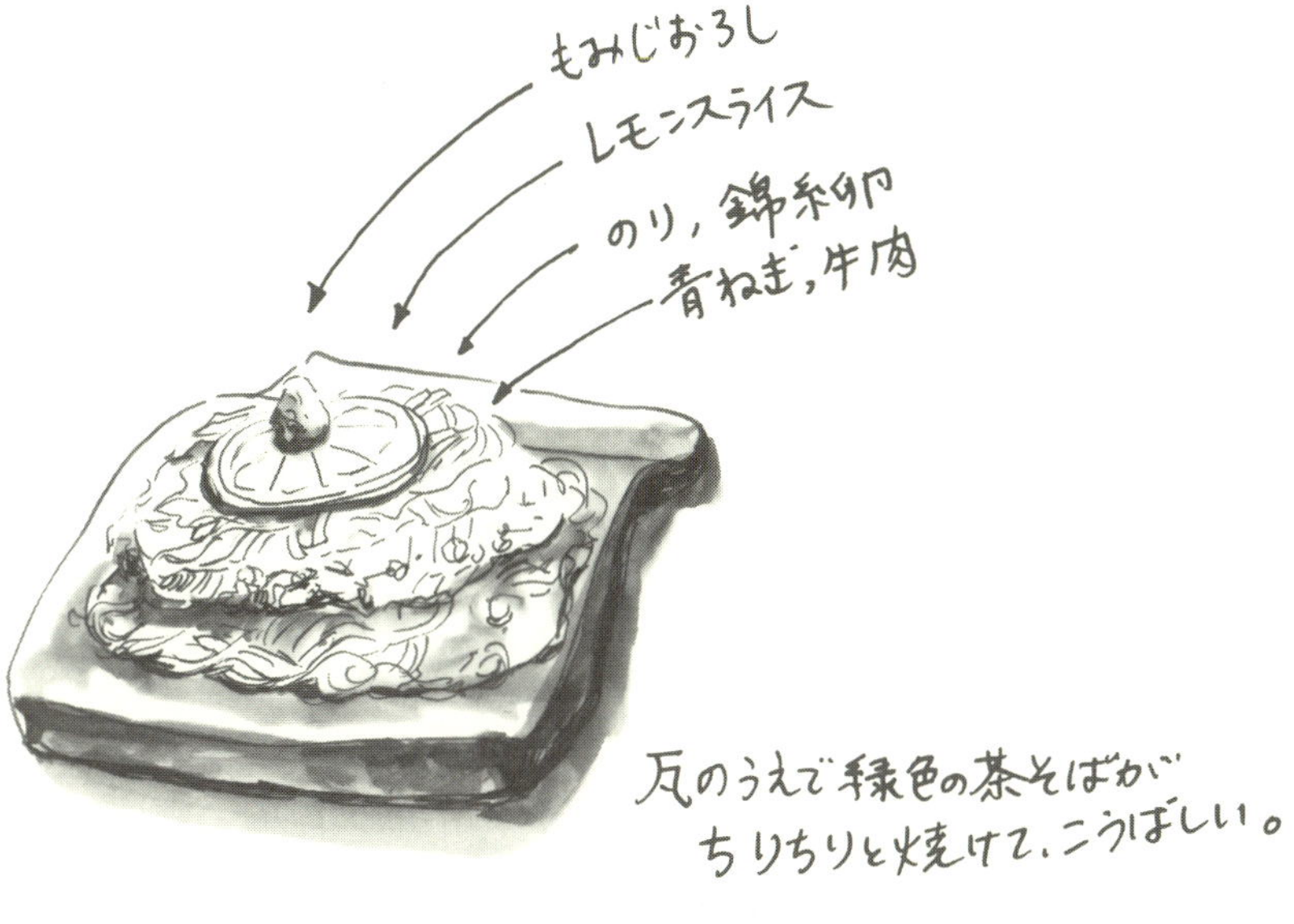

士たちが野外で瓦をつかい肉や野草を焼いて食べたというエピソードに、オーナーの高瀬慎一さんがヒントを得たという。山陰石見《いわみ》の誇る石州瓦《せきしゅうがわら》２００年の老舗亀谷《かめだに》で特注した瓦を３００度にまで焼いた上で、ちりちりと弾ける藻色の麺から緑茶の薫りが立ちあがり、油の焼ける香ばしさと入りまじるそれをすき焼き風の牛肉といわず錦糸卵といわず、まとめてガバッとつかみあげて出汁につける豪快さがなんとも愉快だ。

店を出ると、駐車場で海遊びの帰りに立ち寄ったらしいグループとすれ違って、すこし悔しい気分になった。川棚のあたりには美しい海水浴場がたくさんある。そこで存分に遊んだあとの瓦そば。太陽と潮に洗われて塩気と水分と油分が抜けた気怠《けだる》いからだには、とっておきのご馳走にかんじるに違いない。

その晩は、この50年ほど川棚温泉を牽引してきた「劇場旅館　川棚グランドホテル」（下関市豊浦町大字川棚4912—1）に泊まった。私が小学生のころは「グランドホテルお多福」と呼ばれていた。創業200年になる老舗旅館「おたふく屋」を、現在の岡本社長が継いだのが1969（昭和44）年のこと。高度経済成長の真っただ中、どこの観光地も変化に追い立てられた頃だ。8万5千坪の敷地を持っている「お多福」もまた例外ではなく、「川棚らしく、新しく」をキャッチコピーにゴーカートや草ぞりも楽しめ、敷地内だけですべて事足りる大型温泉旅館として、九州向けにちょっと色っぽいテレビCMもバンバン流しているイメージだった。バブル期もおわり、温泉地の在り方は変わった。昔は20軒以上あった温泉旅館も、いまは7軒のみ。残った旅館はどこも、厳しく長い不況のなか柔軟に変化した個性的な旅館ばかりだ。お酒落で上質な大型旅館というコンセプトで方向転換し今にいたる川棚グランドホテルだが、それでも唯一、岡本社長の掲げてきた「劇場

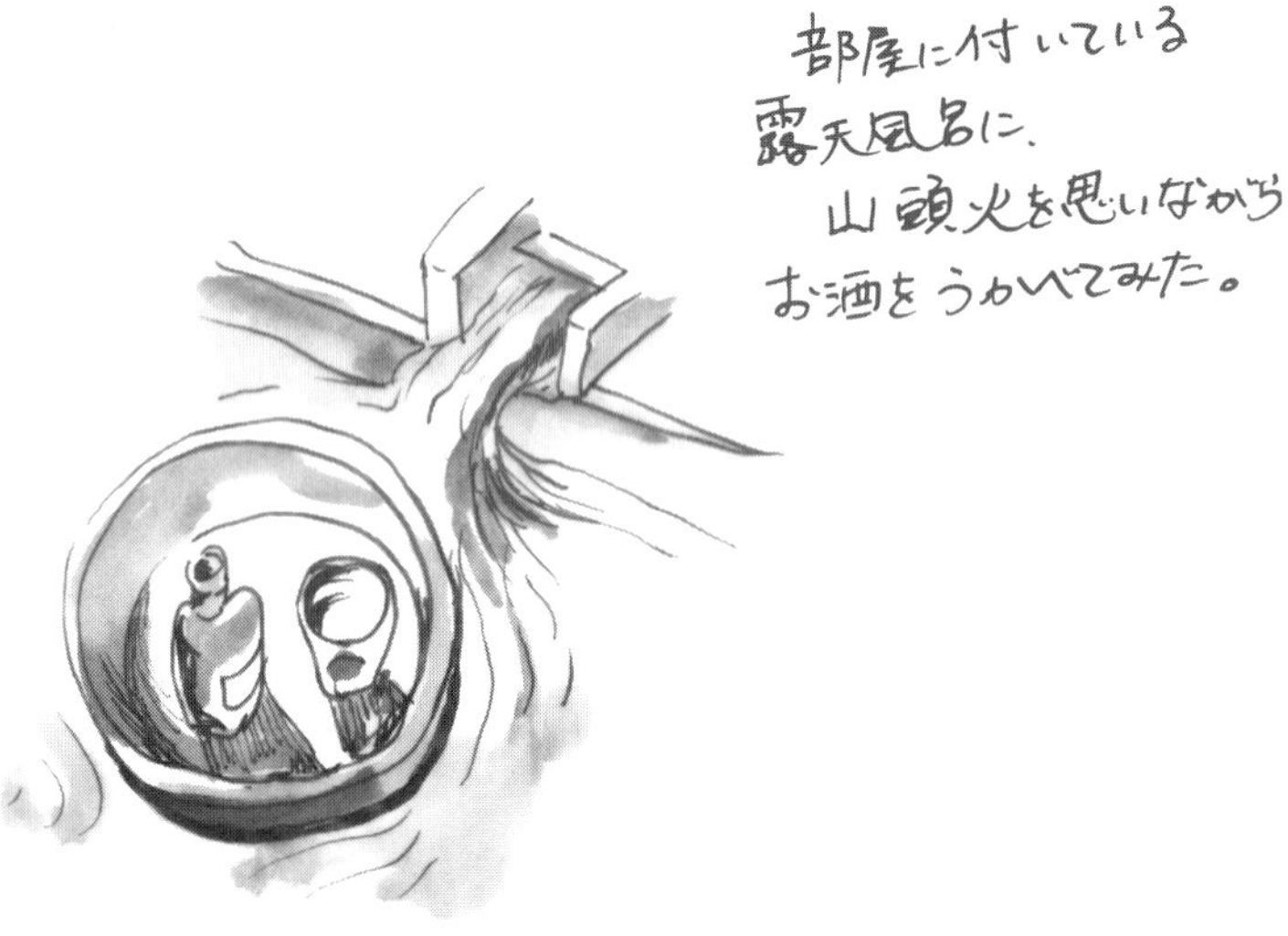
部屋に付いている
露天風呂に、
山頭火を思いながら
お酒をうかべてみた。

旅館＝旅館とは非日常という舞台を用意する劇場である」という心意気は変わらない。

むしろ今は、街全体をふくめた環境づくりに力をいれている。駅前で若い住民がカフェを開くことを応援する、街の広場に緑を増やす、そういったささやかな取り組みをだいじにする。現在の「劇場旅館　川棚グランドホテル」も、回廊式の庭園から連なるお店やお風呂が、のびやかに有機的な広がりをみせる。離れにひとつずつ付いている露天風呂には、部屋にはいったときも、ほろ酔いでねむる前も、朝めざめたときにも、豊かにたぷたぷとお湯が注ぎ満ちていた。

山頭火がまさにここ、川棚で詠んだ句を頭に浮かべながら、無尽蔵にあふれでてくる湯に浸かって手足をいっぱいにのばす。湯の中の腕や腿が、衣をつけた天ぷらを揚げるように白い。ひとは、誰かの愛情がいつもこうなみなみと湛えられていることを欲しているのかもしれない。それは遣っても遣っても減ることのない貯金通帳のようであり、肉親への想いもまた、それに似る。母親を自殺で亡くした山頭火が、温泉を愛した理由はそんなところにあったのかもしれない。

湧いてあふれるなかにねている（山頭火）

翌朝に目が覚めると、緑色に染まる中庭でクマゼミが、いっせいに鳴きだした。

太古の夢想をかきたてる地

◇道の駅　北浦街道ほうほく◇金関丈夫《かなせきたけお》と土井ヶ浜遺跡◇角島《つのしま》でみた夢

「道の駅」がすきだ。

道の駅に出会うと嬉しくて、吸い寄せられるようにハンドルを切る。近所の漁港でその朝にあがった魚に、地元の穫れたての野菜、地元のお母さんたち手製のジャムや味噌に漬物、あんころ餅やおはぎにおかきはどれもキラキラして見えて、地方の豊かな魔法にかけられるみたい。そんな道の駅、じつは山口県発祥という説がある。阿東町船方牧場《あとうちょうふなかたぼくじょう》の社長さんが言った「鉄道に駅があるように、道に駅があってもよいではないか」という一言で、山口県内外あわせて８か所に実験的施設がつくられたのが道の駅の始まりというのだ。日本各地の道路上に１０００か所以上の道の駅が登録されているが、「道の駅　北浦街道ほうほく」（下関市豊北町大字神田上３１４―１）はインターネットの「トリップアドバイザー／行ってよかった道の駅ランキング」で、２０１６年の１位に選ばれた。１０００か所以上もある中から１位というのは只事ではない。その理由を、駅長の藤野亘さんに伺った。

まずはロケーション。人気スポットの角島大橋《つのしまおおはし》を海岸にそって向こうに眺められる。海に臨み、たくさんの鮮魚を取り扱っている。すぐそばには下関市が五大ブランドとして推している、ふぐ・ウニ・くじら・あんこう・イカの中のひとつ、剣先イカの水揚げ漁港として有名な特牛《こっとい》漁港がある。ここに、仲買い免許を持った職員が毎朝買いつけにいく。午前中に訪れるお客さんの多くのお目当てがこの特牛イカで、昼過ぎには売り切れるそうだ。

併設のレストランでも新鮮な活造りが食べられるほか、小売店の少ない地域の住民のためのスーパーという役割も果たしており、地元農家が直接もちこむ野菜をはじめ、3000アイテムという商品は県下随一の品ぞろえだ。

そして、なにより気を配っているのがトイレ清掃。道の駅に立ち寄るお客さんのほとんどがトイレを利用するので、第一印象はトイレの清潔感できまる。そう考えたこちらの施設では、およそ1時間ごと1日8~9回のトイレ清掃を行っている。実際にトイレに足を踏み入れると、まさにお掃除の真っさい中。洗面台脇の取っ手

道の駅にならぶ旬のごちそう
"剣先イカ"を目当てのお客さんも多く
昼過ぎには 売り切れてしまう。

に飛んだ水はねも上から下まで丁寧に拭きあげられるのに見とれていたら、北浦の空を行きかうトンビの「ピヨルルルー」という声が聞こえた。

「道の駅　北浦街道ほうほく」はもうひとつ、隣に2千年以上前の古墳があるという珍しい特色を持っている。和久一号《わくいちごう》古墳といって、弥生式時代（紀元前10世紀～紀元3世紀ごろ）の首長級の古墳と言われる。ここ豊北には、全国的にも有名な遺跡群「土井ヶ浜遺跡」もある。弥生式時代につくられた墓地で、日本人とはどこから来たのか？　という疑問にヒントをくれる、意義深い場所だ。

日本人の古代史には2つの時期がある。縄文式時代が1万5千年ほど前から紀元前4世紀ごろまで、そして弥生式時代が紀元前10世紀から紀元3世紀ごろまで。DNA解析技術の進んだ現代では、日本人とは南方・北方にルーツを持ち体毛が濃く顔の彫りの深い縄文人と、大陸にルーツを持ち面長で手足のながい弥生人との混血であるのは常識となっている。しかしかつては、縄文人が環境に合わせて進化したのが弥生人であると考えられていた。それを、「土井ヶ浜遺跡」の300体を越える発掘調査によって、異なるルーツ・文化をもつ縄文人と弥生人がゆっくりと融合したのが日本人であることを発見、それまでの常識を覆したのが、解剖学者・人類学者の金関丈夫《かなせきたけお》博士である。

金関丈夫（1897―1983）は香川県うまれ。京都帝大の医学部を卒業し、明治の文豪で知られる森鴎外の息子・森於菟《もりおと》と共に、1936（昭和11）年より台北帝国大学（今の国立台湾大学）で医学部の責任者をつとめた。戦前の台湾人の習俗を記録したことで台湾での評価も高い、雑誌『民俗台湾』の創刊に参加したことでも知られている（ちなみにこの『民俗台湾』、森鴎外が本名の「森林太郎」名義で未発表作を掲載したこともある）。
戦後は中華民国（国民党）政府に留用され、１９４９（昭和24）年に日本へ引き揚げ九州大学の教授となった。金関丈夫に「土井ヶ浜遺跡」のことを伝えたのは、同じく戦後に留用され、引き上げ後は下関市の梅光女学院（現・梅光学院大学）で教鞭をとっていた国分直一である。それから数度にわたって「土井ヶ浜遺跡」の大発掘調査をおこなった金関は、「弥生人大陸渡来説」を発表、日本の人類学・考古学に大きな足跡をのこした。

金関丈夫が勤務していた台北帝大は、多くの台湾原住民の人体標本を所有していた。例えば、日本時代に起こった原住民セデック族による武装蜂起事件「霧社《むしゃ》事件」の中心人物であったセデック族の頭領、モーナ・ルダオの遺体もそのひとつで、１９３４（昭和９）年に発見され、１９７３（昭和48）年に遺族のもとへ返還されるまで、台湾大学でミイラのような状態で収蔵されていたという。このモーナ・ルダオと霧社事件については、２０１１年に『セデック・バレ』（監督・魏徳聖《ウェイダーセン》）というタイトルで映画化され、日本でも公開された。『セデック・バレ』は民主化による台湾アイデンティティーの高まりとともに社会現象を巻き起こし、台湾社会の目を原住民文化へ向けさせるきっかけとなった作品でもある。

「土井ヶ浜遺跡」における発見は、縄文人のルーツともいわれる南方・台湾の原住民の骨格について金関丈夫が深い知識を持っていたからこそ、縄文人と弥生人の差異に気付いた結果と言えそうだ。しかし一方では、研究という名のもとに死後も故郷に戻ることの出来なかった人々の屍《しかばね》のうえに、人類学や博物学をもとにした私たち現代人の今日《こんにち》の知識や認識があることを忘れてはならないだろう。やはり金関丈夫によって台湾大学に収蔵されていた沖縄・今帰仁村《なきじんそん》の遺骨は、２０１８年になってようやく今帰仁村へ返還されることが決まった。

私の母の額は四角くて狭く、頭髪はクセ毛で量が多い。昔、ゴーギャンの「タヒチの女」シリーズを観たとき、幼心にも母に似ていると思ったもので、私にもその特徴は見事に遺伝した。母の故郷は九州の宮崎県だが、さらに遡れば鹿児島県の隼人族《はやとぞく》にあるという。隼人族は太平洋の黒潮に乗って移動した海洋民族「オーストロネシア人」に含まれるといわれる。オーストロネシア人というのは、ミクロネシアンや、タヒチやハワイなどのポリネシアン、フィリピン、そして台湾原住民などの系統民族の総称である。

顔立ちはよく「弥生系」と言われる私だが、じつは腕も足も毛深い。台湾原住民とおなじルーツをもつ縄文人と弥生人の混血であるわたしが、今、山口と台湾についての文章を書いている。ふわふわとした我が腕の毛並みをもうひとつの手のひらで撫でながら、ご先祖さまが台湾から日本へと渡ってくるところを想像する。丸太であったか、草で編んだ舟だろうか。現代の我々が想像する以上に彼らは海を理解し、黒潮にのって時にはすごいスピードで海上を旅してきたのかもしれない、川棚の「アサギマダラ」たちのように。

「道の駅　北浦街道ほうほく」から長門《ながと》方面へ車を走らせると、みるみる角島《つのしま》大橋が近づいてくる。CMや映画のロケ地となり、絶景地として近年は世界的にも知られるようになった。角島は、形が牛の角に似ていることから名がついた。かつてこの地域では「わかめ」と「牛」が天皇への献上品だったようで、奈良時代の平城京跡から「角島わかめ」について記された木簡も見つかっている。萩の見島《みしま》に今も生息す

角島大橋の絶景。
天気の良い日は、
エメラルド・グリーンに光輝く。

る見島ウシは日本の牛の源流、純血種の和牛だし、角島近くに「特牛《こっとい》」という珍しい地名があることからも、豊北から萩にかけて山口県は昔から牛と縁がふかかったことが伺える。

本州からまっすぐ角島へとのびる道は、こころの奥の奥にある記憶の島へとかかる橋のようだ。車を走らせていると、きょうまでの出会いや別れが、陽の落ちかけの海面みたいにきらきらと浮かんでは消える。島の先端「夢崎」まで行けば、白昼夢みたいに咲く白いはまゆうの群生ごしに、映画『四日間の奇蹟』（原作・浅倉卓弥／出演・吉岡秀隆、石田ゆり子／2005年）で作られたセットの教会が見える。この映画を監督した佐々部清監督は、山口県下関市の出身。『半落ち』『ツレがウツになりまして』『夕凪の街　桜の国』などの代表作で知られる日本映画界の実力派で、地元山口県を舞台にした作品が多い。

ハマユウから目を移すと、鳥居と小さな祠《ほこら》がみえる。夢崎明神（下関市豊北町大字角島2235）といって、明神さまと龍神さまが祀られる。鳥居のうえや周囲には多くの石が積まれており、踏み込むのを躊躇《ためら》うような緊張感がある。海女たちが海より無事に帰ってこられたことに感謝して帰るごとにひとつずつ石を積み上げたという説があるが、もうひとつ、古代シュメール人の遺跡ではという話もある。

エスペランティストで仏教学者であった高楠順次郎《たかくすじゅんじろう》（1866―1945）によると、中央アジアの天上山脈に暮らしていた高度な古代文明をもつシュメール人は、インド経由で太平洋に出て海洋文化をつくり、西でメソポタミア文明を興し、東では朝鮮半島よりこの角島あたりまで流れてきたのち、瀬戸内海をぬけて京都までいった。それと関連して、平家一族がそのシュメール人の子孫であったとか、京都の祇園祭のちまきに付けられる「蘇民将来之子孫也《そみんしょうらいのしそんなり》」の蘇民とはシュメール人のことである、天皇家・日本人のルーツはそもそもシュメール人だなど、さまざまな憶測が誕生している。

祠の鳥居のむこうには夢崎灯台。角島の沖は昔から知られた漁場だが、角島の周辺は岩礁や潮流の早い場所があり、漁師たちは「魔の海」として恐れてきたそうで、この灯台はそんな漁師たちの安全を守ってきた。映画『四日間の奇蹟』の中では、この灯台のぐるぐると島海をめぐる光が、ちいさな奇蹟をよぶ。シュメール人の話もいわゆる「トンデモ説」には違いないが、真偽はともかく、太古の夢想と謎めいたロマンチシズムが、ここ角島の夢崎には漂っている。

Chapter 3

長《なが》門と

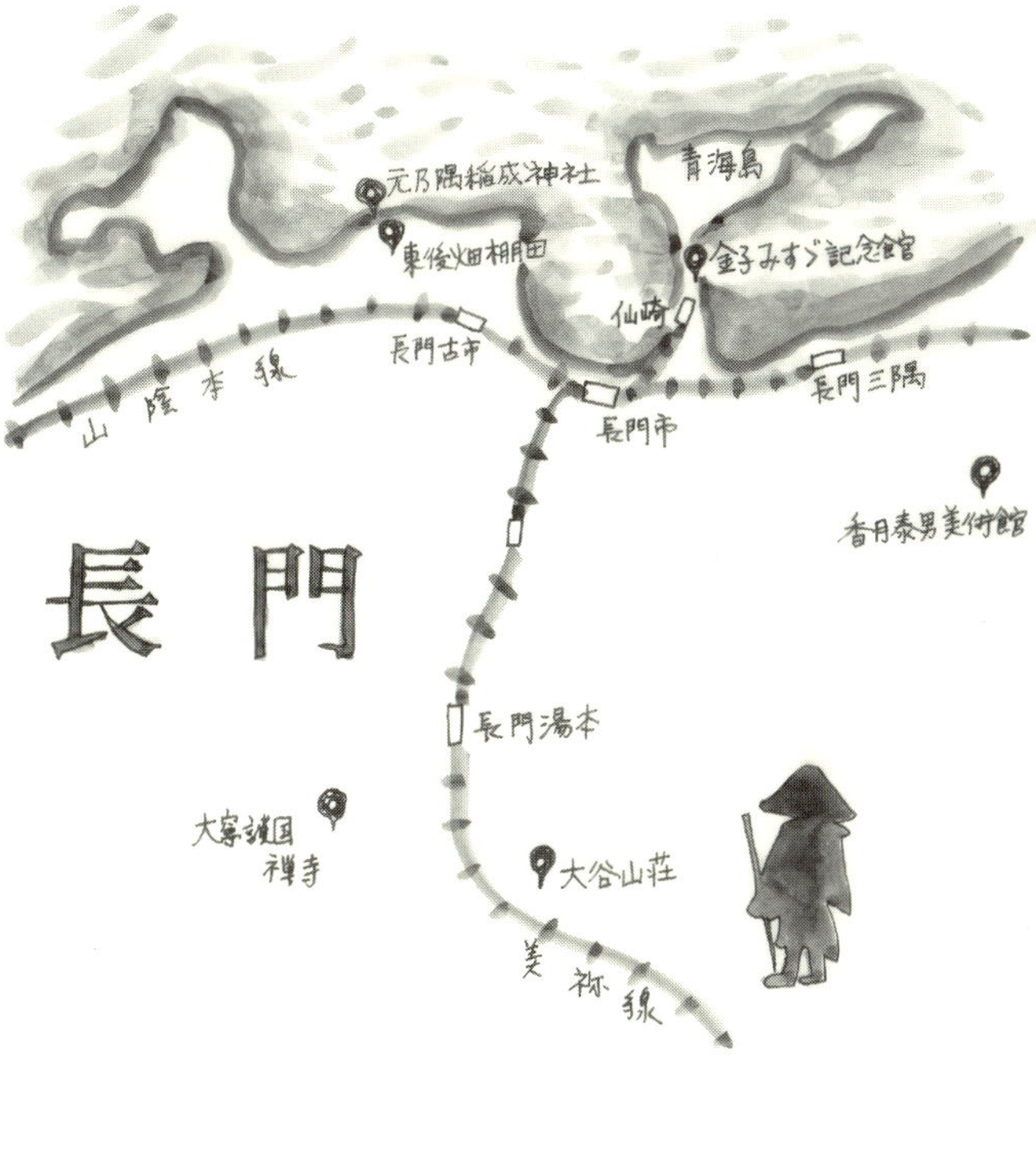

くじらのはなし

◇仙崎港とくじら◇金子みすゞ記念館◇元乃隅稲成神社《もとのすみいなりじんじゃ》の「林さん」◇東後畑《ひがしうしろばた》棚田とイカつり船

長門市の仙崎港は、県内で有数の水揚げ量をほこる漁港で、戦後には「引き揚げ港」として多くの引き揚げ船を受け入れたほか、日本に居住していた台湾や朝鮮の方々あわせて34万人を祖国へと送り出し、これは福岡県の博多港に次ぐ規模だったという。イカやアジ、ウニ、アワビなどの高級食材を豊富にあつかうほかカマボコが殊《こと》に有名だ。新鮮なエソの魚肉をたっぷりつかい、きめが細かくしっとりとしている。土地の酒と肴は切っても切り離せないというが、確かに旨味の強い山口の日本酒にあう。

捕鯨で大きく発展した山口県の近代漁業だが、長門の人々の生活はふるくからクジラと共にあった。「鯨一頭、七浦にぎわう」の言葉どおり、かつての鯨とは海からの賜物《たまもの》であった。捕った鯨は、港のすぐそばにある鯨波止《くじらばと》にあげて解体し、肉と骨にわける。肉は食用として販売し、骨さえ水にさらして粉にし畑の肥料にして無駄にすることはなかった。このあたりで作られた鯨の缶詰は、かつて台湾にも輸出されていたことがわかっていて、萩博物館（萩市堀内３５５）提供の写真によると、「新鮮な材料と製造法には注意しており、腐敗の心配はありません」との説明書きに、長門の製造元と、台北市内や基隆市内の特約販売

萩・長門のくじらは、缶詰になって
台湾でも売られていた。

店の名前が明記されている。

節分には、山口県ではクジラを食べるのが習わしだ。クジラという大きく力強い生命を年のはじめに取り込むことで、我が身もまた強く生まれ変わりたいという願いがこめられている。結婚式や棟上げなど、祝い唄としての鯨唄を今でも唄う地域があるし、クジラを供養するための鯨墓もある。日本の沿岸地域において捕鯨が生活に深く根づき、文化を育んできたことは、山口の人々の暮らしに今なお残る風習を見ればよくわかる。

１９７０年代から、日本人の捕鯨は国際的に問題視されてきた。捕鯨の生態系への影響については、現在日本が捕鯨しているミンククジラなどは個体数が多く、適切な捕獲量を行う限り生態系に影響はないというのが水産庁の立場だが、そういった主張が国外で受け入れられているとは感じられない。台湾でも日本のクジラ漁には眉をひそめる人は多い。しかし昔ながらの山口県の食文化とクジラ漁は切っても切り離せない部分であり、台湾で出版した本でも、その説明には苦心した。

イルカ・クジラ漁で生計を立てている和歌山県太地町《たいじちょう》を舞台にし、日本捕鯨の残酷さを徹底的に批判した米ドキュメンタリー『ザ・コーヴ（Ｔｈｅ Ｃｏｖｅ）』（２００９）は、世界中で圧倒的な支持をうけ、台湾でもヒットした。これに対し、ニューヨーク在住の映画監督である佐々木芽生《ささきめぐみ》氏が作ったのが、ドキュメンタリー映画『おクジラさま　ふたつの正義の物語』（２０１７）という作品だ。太地の人やシー・シェパードなど多様な角度から捕鯨問題を扱ったこの映画は、『ザ・コーヴ（Ｔｈｅ Ｃｏｖｅ）』の一方的な視点から生まれる暴力性を批判するだけで終わっていない。佐々木監督はインタビューのなかでいう。

「時代に合わない古い伝統はどんどん壊して人類として進化しようという考え方がある欧米では、『動物の権利』に対する意識も進化している」

「自分たちが人間に近いと感じる動物＝クジラ、イルカ＝を社会的弱者に含めようという捕鯨問題は、欧米における21世紀の市民権運動であると日本は理解する必要がある」

「文化・伝統・生態系に影響を及ぼしていないという反論をただ繰り返すだけでは思考停止である」

こういった日本への手厳しい指摘はとても重要で、この部分を理解できていない日本人は多い。相手を理解できなければ、相手を納得させられる反論は難しいだろう。そこで、佐々木監督は争いの奥にひそむ根本的な問題を直視し、こう喝破する。

「『ザ・コーヴ（Ｔｈｅ Ｃｏｖｅ）』に大きく反応した人々のなかで、太地・イルカ漁などの単語が記号化され、その言葉の裏に人々の生活があることに思い至っていないことが問題だ」

太地のクジラ・イルカ漁にまつわる経済と文化は、住人たちが何百年もの時間を通して培ってきた誇りであり、アイデンティティーそのものである。つまり太地町とは、どの国も抱える、グローバル社会において均質化がすすみ衰退している「地方」の象徴なのだ。その誇りを奪うことの深刻さ、そして地方に生きている人々の存在意義を、反対や賛成問わずに考えるべきだという提言が、映画『おクジラさま』である。これは台湾の日本時代、日本人による支配構造と原住民との文化摩擦から起こった「霧社事件」をテーマにした映画『セデック・バレ』に通じるものがある。いま世界的に起こっている自分こそが正統という各立場からの主張より生まれる分断とは、じつは普遍的な人間の課題なのだ。『おクジラさま』は、そこから一歩すすんだ、多様な立場に思いを寄せる大切さが語られている点で興味深い。

長門地方における捕鯨は、漁法と鯨の生態の変化につれ明治末期には廃れて今は行われていないが、『おクジラさま』の佐々木監督のインタビューを読んだときに、思い出した詩があった。金子みすゞの『鯨《くじら》法会《ほうえ》』だ。

鯨法会は春のくれ、
海に飛魚《とびうお》採れるころ。
浜のお寺で鳴る鐘が、
ゆれて水面をわたるとき、

村の漁師が羽織着て、
浜のお寺へいそぐとき、
沖で鯨の子がひとり、
その鳴る鐘をききながら、
死んだ父さま、母さまを、
こいし、こいしと泣いてます。
海のおもてを、鐘の音は、
海のどこまで、ひびくやら。
（『鯨法会』金子みすゞ）

金子みすゞ（１９０３―１９３０）は長門市の仙崎出身で、大正時代末期から昭和初期にかけて活躍した童謡詩人である。本屋の娘として生まれ育ち、故郷仙崎を離れ、不遇のなか26歳で自殺するまでに約５００篇の詩を残した。みすゞの存在は戦後長らく忘れられていたが、１９８０年代に遺稿集が出版されるや、大きな注目をあつめて再評価につながった。

仙崎では獲ったクジラを供養し、墓や位牌をつくって春の終わりごろに法会を行う「鯨回向《くじらえこう》」があり、現在でも年に1回続けられているという。その法会の情景を目にしたみすゞは、鯨がもたらした恩恵と郷土への愛を込めながらも、沖に残された鯨の子を擬人化して寂しさに心を寄せる。１００年近い昔すでに、みすゞは佐々木監督のインタビューにあった21世紀の人権的な視点（クジラ、イルカを社会的弱者としてとらえる眼）を備えていたのだ。こういった自分とちがう立場に思いを寄せる視点は、みすゞによって生み出された詩のすべてに通じる。

最も有名な「私と小鳥と鈴と」は、小鳥は空を飛べるけど走れない、鈴はきれいに鳴るけど唄えない、でもそれぞれ違うことがいいのだ、というあらゆる差異を肯定するものだ。仙崎にある、金子みすゞ記念館（長門市仙崎1308）を訪れた。そこには英語や北京語（簡体字／繁体字）、韓国語のほか、フランス、ポーランド、ネパール、ヒンドゥーと沢山の言語に翻訳された「私と小鳥と鈴と」を見ることができた。多様性をもつ社会のあり方をみんなが探している現代人の目からみれば、金子みすゞの詩がもつ豊かさは、ものすごく今日性を備えている。ここに、みすゞの詩が国境をこえて愛される理由があるのだろう。

さて、海に育まれてきた長門には、世界的に知られるようになった絶景スポットがある。アメリカCNNより「日本の最も美しい場所31選」のひとつに選ばれた元乃隅稲成神社《もとのすみいなりじんじゃ》（長門市油谷津黄498）だ。

初めて訪れたのはとても天気のいい日で、海の青さが空に染み出すようだった。そこに飛び出た緑の岬に、目の覚めるような赤い鳥居がドミノの如く立ち並ぶ。123基の鳥居にはひとつずつ、寄贈者の名前が書かれている。1987（昭和62）年より10年かけて奉納された鳥居だが、真ん中あたりで「台北市」と書かれたものをみつけた。中山区の林さんという方の名前が書かれている。どういう経緯でここに鳥居を寄贈することになったのかと興味がわく。

青、緑、赤の鮮やかなコントラスト。鳥居をくぐって真っ青な海に向かって歩けば、そのまま龍宮城へ着いてしまうのではないか。そんな想像を裏切ることなく、海側にせり出しているのは「龍宮の潮吹《しおふき》」と

金子みすゞ記念館で遊ぶ近所の子供たち。
みすゞについてたずねると「誇らしいし、うれしい」
と、笑顔で答えてくれた。

よばれる場所だ。岩場の下のほうにくぼみがあり、打ち寄せた波がその穴から鯨が潮を吹くようにピューッと水を噴き上げる。最大で30メートルも吹き上がるそうで、龍が天にぼる様に似ていることから龍神のなせるわざと信仰され、近郊の農民が雨乞いに通った。

元乃隅稲成神社に参ったあと、内陸側に車を走らせているあいだに日暮れが近づいてきた。むかうは東後畑棚田《ひがしうしろばたたなだ》（長門市油谷後畑）。平地のすくない長門地方は、丘陵にそって丹念に田んぼが耕され、棚田がおおい。「日本の棚田百選」にも選ばれており、海を同時に眺めることのできる棚田はめずらしいという。遠くに風力発電の白い羽がゆったりとまわり、白さぎが田から田へとわたって、棚田に点在する小さな「ため池」が夕暮れを水面に映している。このときは夏の盛りで稲も育って見渡すかぎりの緑だったが、もし6月はじめの田に水が入った頃ならば、棚田全体が天をうつす鏡みたいにみえるだろう。

大自然も素晴らしいけれど、いちばん好きなのは自然のなかに長いこと培われた、人のいとなみの肌ざわり。ここ長門の眺めには、海に棚田にそれがある。ひぐらしとウシガエルの声をBGMに空が夜へと着替えるとき、急ぎ沖にでたイカつり船は順に漁火《いさりび》をともす。

わたしの地球

◇湯本温泉の龍◇大谷山荘別邸・音信《おとずれ》のかぜ

川のある温泉街がすきだ。由緒があり、大きすぎず、流れる川にロマンチックな伝説があれば尚更いい。そんな意味で、ここ長門の「湯本温泉」はどの条件をも満たす。

今からおよそ600年前の室町のころ、曹洞宗「大寧寺《たいねいじ》」（長門市深川湯本1074）の名僧・定庵禅師《じょうあんぜんじ》が寺のまわりを散歩していたところ、とある老人にであった。老人は定庵禅師のもとで修業するようになり、ついに仏道を修める。この老人、じつは航海を守護する住吉大明神の化身で、定庵禅師への御礼として温泉を湧き出でさせた。それ以降、この湯は「湯本温泉」と名付けられ、山口県を代表する温泉地のひとつとして知られるようになる。

温泉街の中心をながれるのは「音信川《おとずれがわ》」。湯屋で働いていた湯女（と聞くと『千と千尋の神隠し』をおもいだす）が叶わぬ恋をし、せめてもと思いを紙に書いて橋のうえから川にながしたことに由来する。そんな伝説もひびきも美しい音信＝おとずれという川の名を持つ旅館「大谷山荘─別邸・音信」（長門市深川湯本2208）にうかがった。

本館の大谷山荘は、1901（明治34）年の創業で、135年以上の歴史をもつ。2016年には日露

清水建設の手がけた
重厚で美しい木目のエントランス
をもつのは、大谷山荘の別邸
「音信」(Bettei Otozure)

首脳会談の会場となり、来日したプーチン大統領が宿泊したことで多くの取材陣が押し寄せ、一躍その名を世間に知らしめた。そんな大谷山荘の別邸「音信」は2006年にオープンした。

「音信のコンセプトは湯治モダンです」と支配人の大谷義郎氏はいう。長州藩の毛利のお殿様も、かつてよく湯本温泉を訪れた。武将たちが戦場で負った刀傷を癒すために温泉に入る＝湯治《とうじ》と呼んだ、その現代版だという。

宿に到着すると、係りの方が出迎えてくれた。うつくしい緑が池の水面に映えるアプローチを抜けて建物にはいる。頭上をおおう多角形の組天井《くみてんじょう》は奈良興福寺の八角堂をおもわせる重厚さだが、天然木の木肌に大らかさを感じる空間を進めば、移動する眼のうごきにあわせて、ここちよい色彩と光線が自在に姿をかえる。

大谷山荘の本館と共に、「別邸・音信」を設計したのは東京の石井設計事務所。日本全国の高級旅館やホテルの設計で大きな実績をあげている。施工した清水建設は、日光東照宮の建設に参加した宮大工・清水喜助が1804年に創立した建設会社で、戦前には台湾でも旧高雄市役所(現在の高雄市立歴史博物館)や旧高雄駅舎など日本の伝統建築様式を取り入れた美しい建物をつくった。歌舞伎座や伊勢神宮、京都平安神宮など、社寺建築・伝統建築を得意とし、五大ゼネコンの中でも唯一自社の木工工場をもっている清水建設ならではの木の匠の技が、随所に贅沢にちりばめられている。湯本温泉は泉質がよいことでも名高い。風呂につかると、羽毛のような湯がふわりと肌のうえをすべっていく。

食事は館内の「日本料理　雲遊《うんゆう》」でいただいた。コース名は「長門の夏風　山滴る頃」で、季節に応じた「長門の風」が料理のテーマである。風とは、風土であり、風景であり、風味である。

先附にでたのは、目の覚めるような蓮の葉盛り。萩いちじく、車海老、長門産の枝豆が練りごまで和えられている。枝豆のかりこりとリズミカルな歯ざわりに、練りごまといちじくの甘さが肌に絡みつく夏の潮風みたいで、5月から出始める小さな柚子が、特別なさわやかさを添える。萩の名産・甘鯛のお椀に、弾力のある仙崎のひらめ、細かく包丁がはいってねっとりと潤《うる》む剣先イカ。旬の瀬付《せっ》きアジは、長門の砂浜におちている桜貝のような色をして、萩産の赤雲丹が北浦海苔で巻かれたちいさなお寿司は、長門の海からの贈りもののようである。

大谷氏のおすすめは、長萩《ちょうしゅう》和牛。山口県には多くのブランド和牛があるが、これは地元の長門・萩エリアで育てられているものだ。炭火で焼いたあとに醤油麹があしらわれ、脂身のすくない肉を噛みしめると旨味がじんわりと舌をぬらす。

日本酒は、岡崎酒造場によるオリジナルラベル「音信《おとずれ》」。梨のような香りが品のよい和牛にマッチする。長門をさらに東に行った萩市を流れる阿武川、その上流にある蔵元で

海苔のお布団に横たわる
雲丹のお寿司は エロチック!

代表銘柄の「長門峡」は全国金賞を幾度も獲っている。特に印象的だったのが、冷やし鉢の仙崎サザエに添えられた萩・福賀産の「万願寺《まんがんじ》とうがらし」。すこしばかり火で焙られた芳ばしさと甘苦さが絶妙のマリアージュだった。

蓮の葉盛りに、万願寺とうがらし、昆布とかつお節で引いた薫り高い出汁に、最後の赤だしまで。地元・長門の食材を使いながらも、料理の仕立てはすべて京風である。それというのも、いまの料理長は京都宇治のご出身、京都祇園の旅館で長らく料理長を務めていたらしい。素材のいのちがあふれ出るのを寸止めにするような京料理の心意気が、地元の食材ひとつひとつにほどこされ融けあう。そこで「大内文化」という言葉が浮かんだ。

室町時代（１３３６―１５７３）に西日本一の武将とうたわれた大内氏によって花開いた大内文化は、京都とアジア大陸の要素が山口の地でブレンドされ育まれた独特の文化であった。じつは長門湯本温泉と大内氏のかかわりも浅からぬ。文化人の誉《ほま》れたかい大内義隆が謀反にあい、地元を追われて１５５１（天文20）年に大内家ゆかりの湯本・大寧寺で自刃して果てる。湯本の源泉がゆたかに湧きいずる大寧寺は、31代の長きにわたり続いた大内家が断絶えた場所でもあるのだ。それがここ「音信」で、大内文化は現代によみがえる。

いま湯本温泉は音信川を中心に大きく生まれ変わろうとしている。２０１９年には、星野リゾートが参入、大谷山荘はじめ民間・行政・地域が一体となって新しい温泉街づくりをすすめている。

「湯本の街は、みんな仲のいいのが特徴なんです」

大谷専務が笑う。ひとつの旅館がすべての利益を取り込む大型旅館型の時代は遠い過去のものだ。泉質が抜群にいい外湯を中心に、川べりで食事がとれる川床、くつろげるカフェやレストランを増やし、活気ある温泉地を取りもどしたい。「全国TOP10の温泉地を目指します！」

大寧寺で修業し、湯本の源泉をもたらした住吉大明神はさいご、龍となって天にのぼったという。その開湯の由来のごとく、湯本温泉は今の日本の温泉界における龍である。どこまで登っていくのか、変わりつづける湯本温泉に訪れるのを、楽しみにしたいと思う。

◇香月泰男《かづきやすお》美術館～サンジュアンの実、たべた？

長門市の出身で、戦後日本を代表する洋画家のひとり香月泰男《かづきやすお》（1911—1974）。代々医師の家柄だったが、幼いころから父母兄弟はなく、厳格な祖父に育てられた。いつも居場所のなさと孤独感をかんじていたといい、その虚しさを埋めてくれたのが「絵」だった。東京美術学校で藤島武二《ふじしまたけじ》に学び、卒業後は山口へもどり美術教師となるが、間もなく招集されて満州に送られた。妻を得てようやくじぶんの居どころを見つけた、とおもった矢先だった。

戦争が終わったあと、待っていたのはシベリアでの1年半の抑留生活である。小便も大便も足せばすぐに凍り付いてしまう氷点下30度の強烈な寒さ、60キロの麻袋を背負って凍結した6キロの道を2往復させられるような苛酷な労働。食事は1日飯盒《はんごう》の蓋に1杯だけ馬の飼料用のコーリャンを炊いたもので、ほかは野草や野ネズミを捕ってたべた。つぎつぎと過労と栄養失調で死んでいく仲間たち。この経験は、香月泰男の生涯にわたって影響をあたえ、それは多様なニュアンスをもつ「黒」という色で表現された。香月泰男の絵は、図版づくりが難しいことで有名だ。現在の撮影・印刷技術をもってすれば、絵具の厚み、マチエールひとつまではっきりと映しこまれるが、それは美術館の暗い照明のなかにうごめく、目を凝らせば凝らすほどに見えてくる香月の深い闇の世界とは異なる。

代表作は、シベリア抑留をテーマにした「シベリア・シリーズ」。この中に、「青の太陽」という絵がある。抑留時代のほふく訓練中に、巣の穴に入っていく蟻がふと見えた。「ああ、自分も蟻になって穴の中で平和に暮らしたい」と思い、その蟻の目線で描かれたものだという。暗い穴から空を見上げると、だんだん暗さに目が馴染んできて昼間でも星が見える――昼の空に星をみるほどの、壮絶な闇。そこに瞬《またた》く星たちは、生きてさえいればいつか故郷の土を踏むことができる、という微《かす》かな希望だったかも知れない。帰りたいと願いながら死んでいった仲間たちへの鎮魂でもある「シベリア・シリーズ」は、山口県立美術館（山口市亀山町3―1）が所蔵している。

シベリアから帰国した香月がその後の生涯を暮らした故郷の長門市三隅町に、香月泰男美術館（長門市三隅中226）を訪ねた。ここでは、戦前の作品やスタイルが固まらずに苦しんでいた戦後10年ほどの作品のほか、軽やかで明るいヨーロッパ旅行時のスケッチなど、いろんなタイプの香月作品に会うことが出来る。たいていの人は「シベリア・シリーズ」の重苦しさを頭にこの美術館を訪れるので、香月の意外な一面を知ってみな驚くらしいが、わたしもその一人だった。特に印象深いのが、廃材をつかったおもちゃだ。サーカスや動物たちの愛くるしくユーモアあふれる表情は、どれひとつとして同じものがない。普段から集めたがらくたを、取り出しては組み立て、絵を描く合間の息抜きとして楽しんでいたという。郷土・長門三隅町を、香月は「わたしの地球」と呼んで愛しつづけた。家の台所には花が咲き乱れる庭を描いた。

戦争の真の壮絶さを知っていたからこそ、そのそばにある生活を香月は心から愛《いと》おしんだのだろう。館長の吉祥康文さんが、香月が出演したサントリーウイスキーのCMをみせてくれた。仕事場で、パレットから直接ヘラで絵具をとり、左官のようにキャンパスに色を塗りこめていく香月がウイスキーを片手に笑っている。爽やかで明るくて、魅力的な笑顔だった。おもちゃや清々しい色のスケッチなど、香月作品の一般的イメージから遠いこの顔こそが、彼の本分だったのかもしれない。戦争とシベリアが、画家・香月泰男を作り上げたのだと改めて感じる。

奇しくも香月の郷土・長門にて、2016年にロシアのプーチン大統領が招かれ首脳会談が行われた際には、多くの日本やロシアのメディアが香月美術館を訪れたものの、実際に記事として世に出たものはなかったという。郷土を「わたしの地球」と呼んだ香月は、墓の中でどう感じていたのだろうか。

香月泰男美術館の建物は、香月のお子さんで、建築家でもある兄弟お二人による「香月設計」が手掛けている。自然光を大切にした香月の意向をくんで、美術館にはめずらしく随所に採光窓があり、館内はのびやかな明るさに満ちている。中庭には、「サンジュアンの樹」と香月が呼んだイナゴ豆の木が、陰をつくっている。シベリアの飢餓のなかで食べたこの豆の美味しさが忘れられず、シベリアから帰国の際にこっそりと豆を持ち帰って自宅の庭にうえた木の子どもにあたる。シベリアで食べてとてもおいしかったと香月がいうので皆で豆の収穫を楽しみにしていたが、いざ豆がなって食べてみると、あまりにも不味いので家族は驚いたそうだ。

香月が手作りしたオモチャを
模したオブジェのある中庭に、
「サンジュアンの樹」もある。

Chapter 4

萩 はぎ

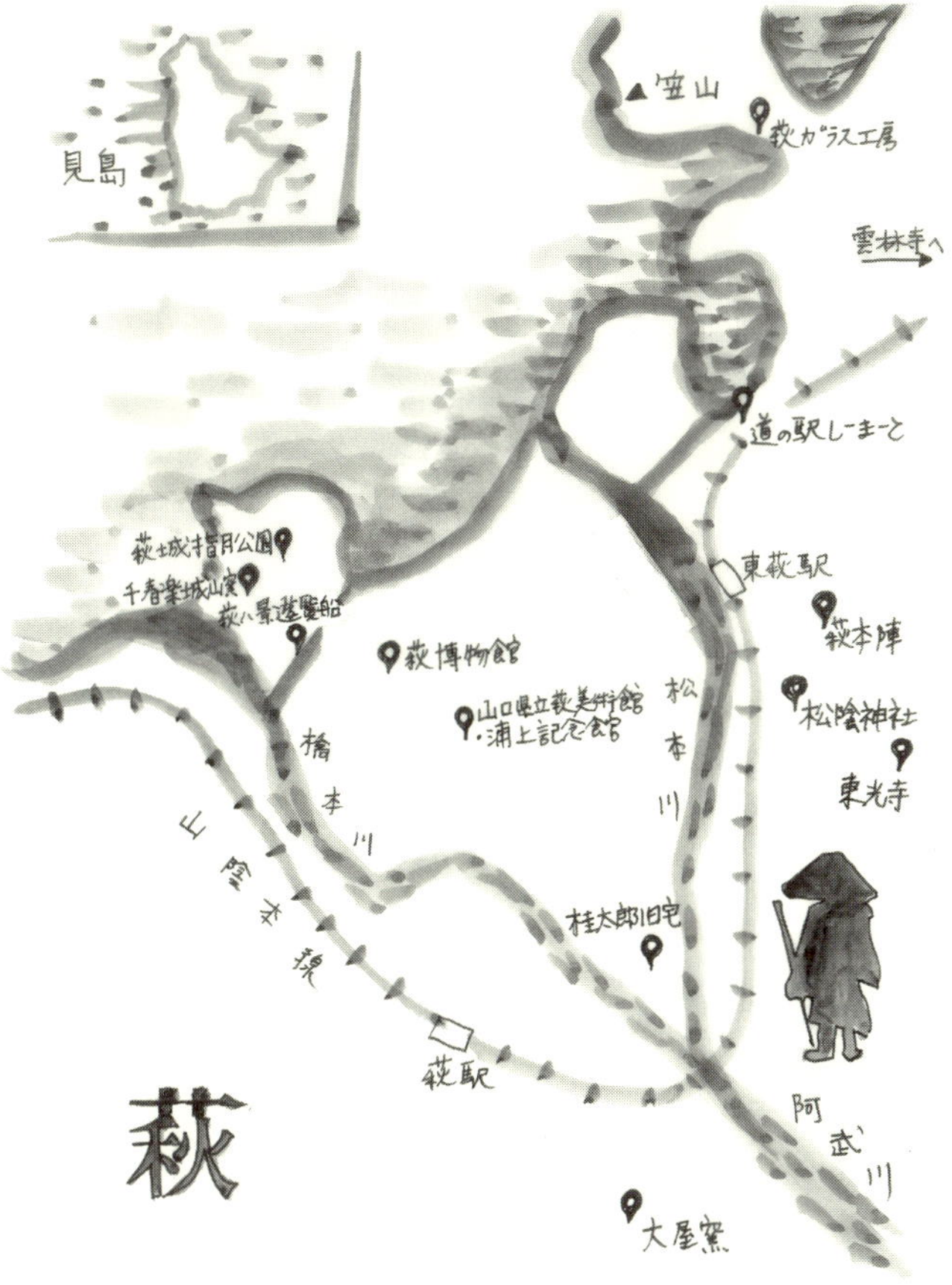

水の都

◇萩八景《はぎはっけい》遊覧船にのる◇萩城下町と夏みかん◇萩博物館でおどろいた

指月山《しづきやま》を背にした萩城跡からほど近い、遊覧船のりば（萩市堀内122―1）から舟にのった。船頭は森本さんという。

「はい、では出発します！」森本さんの淀《よど》みない声を合図に、舟はゆっくりと岸を離れた。振り返ると指月橋があり、左に指月山を仰ぎ、その向こうに日本海が広がる。舟が遡《さかのぼ》るのは橋本川、山口県の中腹に端を発する阿武《あぶ》川の分流である。左手に、大きな武家屋敷の白い壁がマスキングテープを貼ったように川と屋敷を仕切る。橋本川、そして左手にみえる三角州を挟んで松本川。ふたつの川に挟まれたデルタ地帯に広がるのが萩城下町だ。つまり萩の街とは「川のY字路」の中に発達した水の都市である。

日本海側の小さな漁村だったという萩の人々が、江戸以前にどのような暮らしをしていたか萩博物館（萩市堀内355）の清水満幸《しみずみつゆき》館長に訊ねたが、残念ながら資料はほとんど残っていないという。三角州は湿地帯で沼や葦原が多くを占め、川が氾濫するのもたびたびで開拓は容易ではなかったらしい。そんなわけで、標高2メートルに満たない低湿地が広がる萩城下町の都市計画とは、「水と上手に付き合うための街づくり」だった。

街の隅々に施された工夫のおかげで、昔ながらの街並みはいまも残っている。たとえば城下の低湿な場所を水田や蓮田として利用し、水害のときに溢れた水がここに流れ込んで蓄えられることで、大きな水害を免れてきた。１９７５年に阿武川上流にダムができてからは、役所や道路、市民球場などが農地を利用して建設され、江戸時代につくられた「まち」を壊すことなく近代化がすすめられる。鉄道も三角州の周りをぐるりと囲むように通され、線路でまちが分断されていない。明治に入ってから広まった特産の夏みかん栽培も、街並み保存に一役かっている。生活に困った武家の救済措置のために、敷地での夏みかん栽培が奨励されるようになったが、当時の夏みかんは5個が米1升と同じ値でとりひきされ「夏みかんの木が3本あれば、子供を上級学校に行かせられる」ほどの高級フルーツだった。夏みかん畑が屋敷内につくられ、壁が海からの潮風よけとして機能したことで、武家屋敷地は周囲の土塀や長屋と共に維持された。大きな災害や空襲にも遭わなかった。これらすべて、江戸時代の街並みがそのまま残っている理由で、萩の街ではいまも江戸末期の古地図を片手に散歩ができる。

道路はせまく、車を走らせながら対向車が来たらどうしようとハラハラすることが少なくない。地元の人が乗っている車のおおくが小回りのきく小型車なのも、そのためだろう。

「萩の人は、本当にうまく萩のまちを住みこなしていると思います」

と清水館長はいう。萩の人は土地への愛着が強い。歴史あるまちとしての誇りも、山口県の他所にくらべて強力で、街を大切におもう気持ちも深いのだろう。江戸時代そのままの姿をしたまちのなかに息づく、現代の萩の人々の等身大の生活。それは多方面にわたる努力の積み重ねに、ある種の幸運が加わってもたらされた、歴史のタイムカプセルである。

さて萩の夏みかんは、台湾にも運ばれていた記録が残っている。門司を出る船に夏みかんを乗せて、台湾から帰る船にバナナが乗るという、いわば「夏みかん―バナナ」航路である。元々は長門市の青海島《おおみじま》に流れ着いた原種から特産品となった夏みかん、とりわけ萩博物館のレストランで食べられる「夏みかんソフトクリーム」の美味しさは忘れがたい。夏みかんのマーマレードジャムがクリームに練りこまれて、上品な苦みと香りが際立っている。親しみやすい博物館を目指して2004年に開館した萩博物館では、土地の来歴を感じられる歴史資料ほか、萩地方の多様な自然に触れられる。とくに夏の特別展は、『衝撃！ビッグアニマル大接近』『驚異の遭遇！ 未確認生物』など昭和濃度の濃いあやしいテーマに大人が本気で取り組むさまが胸を打つ。会場入り口では派手な打ち上げ花火のように始まる展示が、会場をすすむにつれて、かならず萩の自然環境のことに戻っていくのが毎年のパターンだ。最後は身近な視点へとはなしを回収することで、子供も大人も自然に郷土への興味が誘《いざな》われる。萩博物館は、郷土の多彩な魚類・鳥類・植物を採集し標本にして市民に博物学を普及させた「萩の博物学の父」田中市郎が独力で開いた「田中博物館」をルーツにしており、毎夏の特別展示はその面目躍如ともいえるだろう。

水の都・萩は、吉田松陰をはじめ、高杉晋作、桂小五郎、乃木希典、井上馨、伊藤博文、山県有朋など日本の近代化に身を投じた多くの人物を育んだ。2018年は明治維新からちょうど150年にあたるが、それでは長州藩が明治維新を成し遂げる一大勢力となった、その原動力はどこから来たのだろう。

戦国時代、西日本と九州の一部を合わせて10か国をもつ日本最大の戦国武将に成長した毛利氏は、「関ヶ原の戦い」で負けて領土を没収され、周防《すおう》・長門という2国のみを領地とする長州藩となった。藩主の毛利輝元が藩都をつくるさい、交通の便のよい瀬戸内海側の防府・桑山、そして山口・鴻之峰への築城が幕府に却下され、最終的に認められたのがここ長門国の萩である。幕府が萩を藩都と認めたのは、山を背に開けた萩が自然の要塞《ようさい》として適するというのは表向きの理由に過ぎず、じつは江戸の都からなるべく遠い不便な場所に毛利氏を遠ざけ力を削ぐのが本音だったのではという「押し込め」説も根強い。関ヶ原の戦いのときに毛利氏は徳川家と密かに領土は減らさないという取引をしたが、結局その密約は無視されての領地没収だったという話もある。関ヶ原に端を発する徳川憎しの思いがちり積もり、それが討幕運動への原動力となったと見れば感情的には理解しやすいが、個人的にはもっと大きな理由があったように思う。

明治維新に功績の大きかった薩長土肥は、どこも関ヶ原で負けた外様ではあるが、同時に江戸から遠く離れ、外国船と取引のしやすい外海側に面するという共通点があった。実際、薩摩藩も長年の密貿易で大量の武器を購入していたようだし、長州の場合も欧米列強に砲撃してコテンパンにやられた「下関戦争」をきっかけに、三方向が海に面している郷土が外国からの脅威により多く晒《さら》されていることを自覚したのだろう。こうした危機感から芽生えた「日本」というナショナリズムが、長州人を明治維新へと駆り立てたのかもしれない。

台湾の蔡英文《ツァイインウェン》総統（2018年現在）も、自身の政治的な考え方は薩長同盟とその後の明治維新改革に大きな影響を受けたと自伝で語っており、総統就任前の来日のときも先に山口県入りして、明治維新関連の史跡を訪ねてから東京の安倍晋三首相を表敬訪問するといった日本との関係強化を図りつつ、アメリカからも潜水艦などの武器をさかんに購入している。

中国からの統一圧力が年々強まっている台湾では、それにつれて「台湾」という国家アイデンティティーの輪郭もどんどん色濃くなっている。最近では明治維新になぞらえて「台湾維新」という言葉が生まれているのをテレビの討論番組で見かけた。明治維新という出来事が台湾において、日本人よりも親近感や共感を持って再評価されているのを見るのは意外な感じもする。しかし台湾が日本と違うのは、台湾アイデンティティーが、より多様性のある世界を内包しているという点だ。日本が日本らしくあろうとナショナリズムを強めるほど単一民族的（実際は違うのにもかかわらず）・排他的になっていくのに対し、台湾が台湾らしくあろうとすることは、原住民／スペイン・オランダ／清国／日本／中華民国という統治の履歴を自らの歴史として受け入れることでもある。つまり台湾ナショナリズムが強まるほど、多様な人々が暮らす寛容な国家という性質を帯びるわけで、２０１７年にアジアで初めて出された同性婚合憲解釈も、そうした台湾アイデンティティーの孕《はら》む多様性から生まれたものに思える。

萩八景と呼ばれるスポットのうち、３か所をめぐる遊覧船は、せみしぐれのなか橋本川をすすむ。桜並木を愛でることのできる春の遊覧船ツアーは殊に人気らしい。Ｕターンして今度は川を下り、船着き場をすぎて海へとむかう。指月小橋では、遊覧船の屋根の高さがギリギリなため、屋根を低く折りたたんで橋下をくぐる。乗っている人も頭を低くかがめなければならず、見上げると少し上を橋がゆっくりすれちがってゆく様はちょっとしたスリルがある。私のほかにもうひとり、年配の男性が乗っていたが、ともに姿勢を低くして橋くぐりに協力しあった後に、妙な仲間意識がわいて目が合った。「なかなか面白いですね」と声をかけると、男性は「島根松江のお堀の遊覧船とおなじ仕様ですねえ」と言って目を細めた。この方、全国の遊覧船めぐりをされているのだろうか？

たっぷりした波が来るたびに舟は大きくつんのめる。船頭の森本さんいわく、北風が吹くときは波が高くなるそうだ。ついに川を抜けて海へでる。視界がひろがり、目の前に笠山がみえる。その名の通り、昔の女性が頭にかぶった市女笠《いちめがさ》にそっくりで、「東洋最小の火山」と呼ばれることもある。

舟のへさきに座って笠山にむかっていくのは、鬼ヶ島へおもむく桃太郎にでもなったような、勇壮な気分だ。それからまたUターンして、もう一度みなで協力しあって橋をくぐり、船着き場へもどった。

通常ならば森本さんが、萩で生まれた民謡「男なら」を最後に唄ってくれるのだそうだが、その日は生憎のどの調子が悪いということで、聴けずじまいだったのは心残りだ。遊覧船のガイドとして理想的な、揚々とした語り口の森本さんが歌う萩の民謡。舟が海に出るときに聞いたならば、どんなにか愉快だろう。それを聴くために、次回もまたこの遊覧船に乗りたいと思う。

萩八景の遊覧船。
最後は皆で体をかがめて「指月小橋」
を通り抜け、日本海にでる。

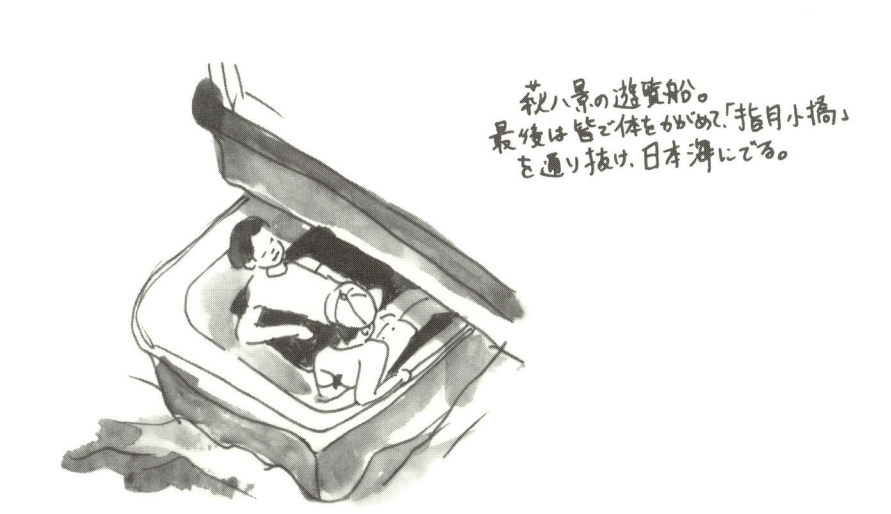

松陰先生と台湾

◇萩焼七変化~城山窯《じょうざんがま》・浦上記念館・大屋窯《おおやがま》

茶陶《ちゃとう》の好みをあらわす言葉に「一楽、二萩、三唐津」というのがある。どの焼き物も渋い好みで多くの外国人には理解しがたいらしく、台湾出身の実業家で作家の邱永漢《きゅうえいかん》氏は、日本の茶道を「金持ちの乞食ごっこ」と呼んだ。うまい表現ではあるが、かつては名のある茶碗のために領土を賭けて武将たちが戦った時代もあった。良い焼き物を手に入れ、それを将軍に献上し、代わりに領土を与えられたり地位を引き上げてもらう。武家社会のなかで焼き物は一つの通貨のような役割をもっており、茶道はその価値秩序を維持するためのシステムとして機能してきたと言えるだろう。

萩焼は、萩（長州）藩をひらいた毛利輝元が陶工の李《り》兄弟を朝鮮より連れ帰ったことから始まり、千利休も好んだ高麗《こうらい》茶碗の流れをくむが、近年は中国の福建省や広東省との民窯の技法との関わりも注目されている（陶芸家協会ＨＰより）。

防府市大道《だいどう》のあたりで採れる大道土をベースに釉薬《ゆうやく》をかけた、ふんわり赤味がかった白い肌が特徴で、藩主が使用したり将軍に献上するための御用窯として発展した。藩の庇護がなくなった明治期以降は、日用雑器や彫刻作品によって萩焼を支える窯元や作家がうまれた。そのひとつ、萩城跡のそばにある「萩焼

窯元 千春楽城山《せんしゅんらくじょうざん》」（萩市堀内31—15）の金子信彦氏は、東京三越百貨店での個展など全国的に活躍する萩焼作家で、作陶をはじめて50年。御用窯として閉じられていた萩焼の世界を、観光に訪れた人々に親しんでもらうため開いた民間用の窯元である。城山窯では、金子さんはじめ同じ作陶の道に進んだ息子さん2人（ジャニーズ事務所に所属していてもおかしくないようなイケメンである）の手になる、器から風鈴などのインテリア小物、オブジェなど色んな作品が展示してあるほか、作陶体験もできる。

　新たな境地を築いて萩焼の販路拡大に尽力した12代坂倉新兵衛《さかくらしんべえ》や、国の無形文化財保持者（人間国宝）に認定された三輪休和《みわきゅうわ》（10代休雪《きゅうせつ》）・11代三輪休雪（壽雪《じゅせつ》）らによる名品を観ることが出来るのが、1996年に開館した山口県立萩美術館・浦上記念館（萩市平安古586—1）だ。設計は「世界のタンゲ」と呼ばれた丹下健三。地元出身の実業家・浦上敏朗が蒐集した東洋陶磁と浮世絵のコレクションを中心

萩焼作家の金子信彦さん。
伝統的な登り窯を使った焼成は
30時間を要する大変な作業。

に、萩焼はじめ山口県の陶芸作家の作品を収蔵・展示している。

焼き物の魅力とは、「土」そのものが感じられるところにある。扱う人の想念によって器から前衛オブジェまで自在に形を変える土。そこに人の思惑をこえた火が手を加え、思いがけない面白さが生まれる。11代三輪休雪（壽雪）の「鬼萩《おにはぎ》」とよばれる茶碗は、メレンゲのようにぽってりした白い釉薬のひび割れから赤っぽい土の地肌がむきだしになり、12代三輪休雪（三輪龍作）のオブジェ『卑弥呼シリーズ』で土は女性器の形さえとる。ここ浦上記念館で見られるのは、焼物の形をかりた山口の土が見せる、奔放であられもない姿なのである。

城下町から少しはなれた小川の傍に、秘密にしておきたいような素敵な場所を見つけた。国際的に知られる陶芸家・濱中月村《はまなかげっそん》さんの工房・大屋窯

「大屋窯」の濱中月村さん。
広い庭に横たわる線を入れているのは、
打ち寄せる波をイメージしているそう。

（萩市椿905）で、月村さんの作品のほか、息子の濱中史朗さん、ジュエリーアーティストである娘の濱中孝子さんの作品も購入できる。月村さんは大阪府岸和田市の生まれ。高校から母方の実家がある萩で育ち、24歳で独立する際に萩じゅうを探しまわった末、この場所に心惹かれて工房を設立した。月村さんのお名前はずっと存じ上げていたが、10年ほど前に東京元麻布のギャラリーで息子の史朗さんの磁器作品に出会い、ひとめぼれして大きな鉢を購入した。漆黒をおもわせる釉薬でおおわれ、ストイックに張り詰めた存在感をもつ史朗さんの器。父親・月村さんの有機的な作品とは真逆で激しく興味をそそられたが、その創作の秘密が大きな銀杏の樹に囲まれた大屋窯にきて分かった気がした。銀杏の樹は、氏神様である椿八幡宮（萩市椿3702）の銀杏をいただいて種から植えたもので、樹齢は50年ちかく、大屋窯の成長とともに大きくなった。住居や工房・ギャラリーが山の斜面に沿って建て増しされているが、広い敷地のどの風景を切り取っても、生活のたのしみと美意識が共存していて時間が経つのを忘れる。

工房のある山のふもとに流れる小川を「筆染川《ふでそめがわ》」という。遠いむかし平安の頃、この辺りに和泉寺という寺があったと伝えられており、平安の歌人として知られる和泉式部が萩に逗留したさい、歌をしたため た筆をこの小川で洗ったという。そのときの和歌も、つたえられている。

阿武の松原きてみれば　指月の山に月やいるらん

資料が残っていないので真偽のほどは不明だが、大屋窯にながれる自然と人がつくりあげる美しさのエッセンスに触れれば、そんなこともあったに違いないという気にさせられる。

◇松陰先生と萩◇六氏先生と楫取道明《かとりみちあき》

萩の人々にとって、心の支えとなっている人物がいる。私塾「松下村塾」にて、多くの長州藩士を育てた吉田松陰である……おっと、あぶない。萩人のまえでは、くれぐれも後ろに先生をつけて「吉田松陰先生」あるいは「松陰先生」と呼ばなくちゃならない。それほどまでに、松陰先生は萩の人々の敬愛を一身にあつめる存在だ。

吉田松陰は１８３０（天保１）年に、萩・長州藩の下級武士の子としてうまれた。叔父・玉木文之進の開いた松下村塾で教えをうけ、書物を片手に家の畑仕事を手伝うような勉強熱心な子どもだったという。20歳をすぎ九州・東北を遊学するうち、西洋から来た船を目撃して海外への興味をつのらせる。外国船に密航しようとして失敗し、逮捕・獄中入り。萩に送り返され幽閉されたのち、弾圧事件「安政の大獄」にて29歳で処刑されるまで、叔父の松下村塾を引き継いで地元の若者たちに思想教育をおこなった。吉田松陰の思想とは、中国清朝の思想家・魏源《ぎげん》の「西洋の先進技術をとりいれて、西洋からの侵略より身を守る」という考えに強い影響をうけていた。また欧米列強の植民地支配をみて、日本もアジアに進出すべきだと考え、著書『幽囚録《ゆうしゅうろく》』のなかに、北海道の開拓や朝鮮の属国化、琉球・満州・台湾・フィリピンの領有を主張した一文が残っている。松下村塾出身で、後の明治政府で活躍した塾生が少なくないことを考えれば、日清戦争に勝った日本が清朝にたいして台湾の割譲を求めた理由は、元をたどれば吉田松陰から始まったと言えるかもしれない。

とはいえ、見る立場によって行いの意義が変わることは世の常だ。なかでも吉田松陰の評価は、昨今とくに大きく分かれるようになった。わたしが小学生の頃に習った聖人君子のような教育者という従来のイメージは今やなく、常軌を逸したクレイジーな人という観点で書かれた書籍が次から次へと出版されている。肝心の吉田松陰を尊崇する萩人もこの辺りの事情は心得ているようで、萩を案内してくださった萩市観光協会所属の歴史ガイド、平野さんと松陰先生の話になったとき、ふとこういわれた。

「今でいえば、一歩間違えればテロリストじゃないか、っていう声も耳にします」

確かに、国のためと信じればすぐさま実行に移すことを旨とし、密航や討伐計画などを次々と企てた吉田松陰はかなり狂信的な人間だったという見方もできる。「思想を維持する精神は、狂気でなければならない」という言葉も残っているとおり、常軌を逸するぐらいの情熱を持たなければ革命を起こすことなぞ出来ないという自覚を持っていた。松下村塾には柱に多数の刀傷らしきものが残っているが、吉田松陰の最晩年に松下村塾に入門した「翁」から聞き取りを行った周防大島出身の民俗学者・宮本常一の本にも、

「翁は松陰先生の門に入った。先生はまるで気狂いのような人であった。講義中弟子どもの議論の激することがあって納まりがつかなくなると

『斬れ。』

とどなるように言われた。すると白刃を柱に斬りつけて議論をやめた。そういう時、年少の翁は胸の動悸がとまらなかったという。しかるに入門してわずかに一週間、先生は野山の獄につながれ、やがて江戸に送られて斬られた。」(宮本常一集23、32―33頁)という記録もある。

「テロリストじゃないか、そんな言われ方をしてるのは知っている」と、その後も何人かの萩の方の口から聞いた。が、その言外には「しかし何と言われようとも松陰先生への想いは変わりません」という不

屈の愛の言葉がこだまする。実際に幕末において、毛利氏は萩から急きょ山口市に藩都をうつし、明治の新政府で活躍した人々もみな東京に出て戻ることはなかった。新政府に不満をもつ元・武士による反乱「萩の乱」もあったし、明治以降の長州派閥への萩の人の気持ちはナイーブだ。しかしその一方で、それら複雑な心情が若くして亡くなった松陰先生への強烈な愛情へと姿をかえ、保たれているのかもしれない。

２０１５年に放映された大河ドラマ『花燃ゆ』は、吉田松陰の末妹である「文《ふみ》」を主人公とした幕末ドラマであった。その文さんには「壽《ひさ》」という姉がいる。壽と結婚した楫取素彦《かとりもとひこ》は、吉田松陰が投獄された後に松下村塾で教育にあたり、明治以降は群馬県の県令（現代の「知事」にあたる）となって伝統産業の養蚕・製糸業を奨励、教育にも力を注ぎ群馬県政に貢献した政治家だが、壽と楫取素彦の次男に楫取道明《かとりみちあき》というひとがあった。

楫取道明は１８９５（明治28）年に台湾に渡り、芝山巌《しざんがん》（現在の台北市士林《シーリン》区にある芝山公園）に開講した芝山巌学堂《しざんがんがくどう》で、近隣の子どもたちの指導にあたった教育者である。台湾統治において何よりも教育が優先されると考え開講された芝山巌学堂は、台湾に置かれた初めての日本語教育機関だった。

時代は台湾が清朝から日本へと割譲されたばかりで、台湾各地で抗日活動が激しさを増し、「日本人を殺せば賞金がもらえる」というデマが流れるなど日に日に治安が悪化するなか、１８９６（明治29）年に楫取道明ほか、もうひとりの山口県出身者であった23歳の井原順之助もふくむ7名が抗日派住民の襲撃をうけ惨殺された。７人の遺骨はそのまま学堂ちかくに葬られ、後に六氏《りくし》先生（７人の中の一名は教員ではなかったため６氏）と呼ばれて石碑が建てられた。また１９３０（昭和５）年には学堂跡に神社が創建され、台湾の教育に殉じた人々が祀られるようになる。命をかけて教育にあたったその心意気は「芝山巌精神」とたたえられ、日本時代における台湾教育の聖地として知られたという。

それも太平洋戦争のおわりと共に、状況は一変する。台湾が国民党政権下におかれた戦後には、六氏先生は侵略者の手先として扱われ、今度は六氏先生を襲った抗日派を「抗日義士」として讃える石碑が建てられる。神社が撤去され、六氏先生を記念する石碑も遺棄されたままになっていたが、のちに台湾総統となる陳水扁《チエンシュイピエン》が台北市長だった2000年に、台湾の歴史をものがたる史跡として改めて建て直された。しかし、それを快く思わない一部の過激勢力によって、落書きされたり引き倒されたりが続いている。

教育に殉じた楫取道明、そしてやはり教育者として知られるその伯父、吉田松陰。血のつながった2人が、日本と台湾それぞれの地で、歴史的文脈の違いによって、これほどまでに激しく正反対の評価を受け続けているのは、何とも奇妙な偶然というほかない。

楫取道明の故郷・萩にも、楫取道明の墓および六氏先生の石碑が、毛利家の菩提寺である東光寺《とうこうじ》（萩市椿東1647）のなかにひっそりと建てられている。楫取道明の没後120周年となった2016年には、萩市市長が台北市士林区を訪問し、「友好交流協力」の覚書が交わされたそうだ。2つの地域のあいだで、幅広い交流がつづくことを期待したい。

◇台湾東部開発の父・賀田金三郎《かだきんざぶろう》◇第5代台湾総督・佐久間左馬太《さくまさまた》

楫取道明の墓のある東光寺からほど近い山の中腹に、吉田松陰がうまれ育った場所がある。じつは東光寺にむかう道中、車でその前を通ったときにガイドの平野さんから「ここが松陰先生の生誕地で、19歳ごろまで住んでいた場所です」と聞かされ、なるほどさすがに「人事を論ぜんと欲せば、先ず地理を観よ」（人間社会を論じようと思えば、まずその地理やそこにある生活を見極めることが大切だ）という名言を残しているだけあって、松陰先生が生まれ育ったのは萩の城下町が見渡せる高台なのだなあ、という感慨を抱きながら前を通り過ぎた。そのとき車内の空気が一瞬にしてかわったのが分かった。平野さんが静かに、「台湾の方は、あんまり松陰先生については興味をお持ちじゃないですかねえ？」という。わたしは内心焦った。しまった、松陰先生の生誕地をおろそかにして萩の人を怒らせてしまった！

このガイドの平野さんは本当に熱心な方で、萩生まれで台湾にゆかりのある人物ふたりの墓を訪ねた際も、お寺のご住職が不在のため、ひとつひとつお墓を確認しながら、汗が滝のように吹きだしてくるような酷暑のなか一緒に探してくださったことに大変感謝している。

平野さんと最初に訪ねたのは、お寺の立ち並ぶ北古萩町《きたこはぎ》にある海潮寺《かいちょうじ》（萩市北古萩町1区50）である。萩出身の実業家で「台湾東部開発の父」ともいわれる賀田金三郎が、ここに眠っている。

賀田金三郎は１８５６（安政３）年、米の仲介をする萩の商家にうまれた。28歳で上京、ホテルオークラをつくった大倉喜八郎《おおくらきはちろう》の大倉組に入社した賀田は、日清戦争後に大倉組総支配人として台湾に赴任、日本陸軍と台湾総督府の御用商人として軍需品から食品や建材の運送、建築を一手に担い、おなじ山口県出身者の児玉源太郎台湾総督と児玉の右腕であった後藤新平《ごとうしんぺい》の厚い信頼を得た。１８９７年には臺北電燈會社《たいほくでんとうがいしゃ》を設立して理事に就任したほか、台北米穀市場、台湾日日新報、台湾製氷会社など多くの会社や機関の創始に関わり、１８９９（明治32）年に賀田組を設立。株主をあつめて台湾銀行を設立し、民間企業として台湾銀行の最大株主となった。１９０１（明治34）年に台湾神社が創建されたときは、民間

吉田松陰の生誕地より、
萩の街を眺める。

を代表して鎮座祭に出席し、台北の曹洞宗別院（現在の東和禅寺《ドンフーチャンスー》）・円山臨済寺楼門《まるやまりんざいじろうもん》・児玉後藤記念館（現在の国立台湾博物館）など、数々の社会事業に多額の寄付を送る（『賀田金三郎小伝』／1923）。また台湾5代財閥のひとつである顔家《イエン》（日本で活躍する歌手の一青窈氏、女優でエッセイストの一青妙氏のルーツにあたる）らと臺陽礦業株式會社《たいようこうぎょうかぶしきがいしゃ》を設立し、「臺陽時代」と呼ばれる顔家の黄金時代を築いた。その実績を挙げ連ねてみれば、賀田金三郎は日本時代初期を代表する実業家のひとりと言って間違いないが、賀田の名前はいまや、台湾でも日本でも殆ど知られていない。

　賀田金三郎の仕事のなかで特筆すべきは、台湾東部の開拓に力を注いだことだろう。台湾の移民村としてもっとも有名なのが花蓮《ホワリエン》の吉野村《よしのむら》だが、じつはその前に開拓された台湾初の民間の移民村が、同じく花蓮にあった賀田村《かだむら》（1906年）で、賀田金三郎の功績を讃える開拓記念碑が今も残っている。

　児玉源太郎のほか、賀田金三郎に厚い信頼をおいていた

「東部開発の父」
と呼ばれた
賀田金三郎。

台湾総督がもう1人いる。同じく萩出身の第5代・佐久間左馬太である。大村益次郎に兵学を学び、幕末の長州藩士として功績をあげ、明治以降は陸軍大尉として台湾出兵（牡丹社《ぼたんしゃ》事件）に従軍した。台湾出兵とは、1871（明治4）年当時まだ清朝領土だった台湾東部で、琉球より流れ着いた漁民54人がパイワン族によって首狩りにあったことから、日本軍が台湾に兵を出して原住民と戦った事件だ。ここで清国が責任のがれをしたことで、清朝と日本のあいだで帰属の定まらなかった琉球（沖縄）が、結果的に日本の領土として国際的に認められる結果となった。今も日本国内の政治問題として度々話題にあがる沖縄問題だが、じつは日本の領土となるのに台湾が深く関わっていることは、余り知られていない。

台湾総督として8年という最も長い就任期間のあいだ、佐久間が一番力を注いだのが原住民対策（理蕃《りばん》政策《せいさく》）で、烏來《ウーライ》山、李崠《リードン》山、日月潭《リーユエタン》、北港《ベイガン》など160回を越える武力制圧を行った。

賀田組社員が原住民の襲撃を受けたのを賀田金三郎が佐久間左馬太へ訴えたのをきっかけに起こった1914（大正3）年「太魯閣番《たろこばん》の役」は、その武力制圧の中でも最大規模の戦争である。主な戦場は現在の台湾の中央山脈のなかにある合歓《フーファン》山地区一帯で、そのあたりに暮らすタロコ族は総督府の目からみて最も屈強な部族だったといわれる。当時70歳だった佐久間は自ら1万人を率いて戦場に赴き戦いを指揮したが、断崖から落ちて負傷し、その後すぐ仙台にて亡くなった。

台北の古亭《グーティン》駅近くにある「十普寺《シープースー》」は、日本時代は了覚寺《りょうかくじ》という名のお寺だったそうで、佐久間左馬太の13回忌が行われて軍服や軍刀・銅像もあったらしいと聞きおよび先日訪ねてみたものの、それついて知る人は最早《もはや》いなかった。佐久間を祀った花蓮の佐久間神社も、1950年代に壊されて「祥公園《シアンゴンユエン》」となったが、2014年には原住民団体により「塔比多」（太魯閣語《たろこご》／Tpedu）へと変更を求められている。

2016年、蔡英文総統による就任後の「原住民こそが台湾本来の主人であり、その生活と文化は尊重されるべきである」という演説は、吉田松陰の「人事を論ぜんと欲せば、先ず地理を観よ」という言葉とあわせれば、さらに深く響く。いかに時代の波が荒れ狂おうとも、土地はそこに長く暮らした人々を無視しては成り立ってゆかないのだ。

松陰先生の生誕地（萩市大字椿東1433―1）をスルーするという恐るべき失態を冒してしまった私は、幾つかの取材をこなしたのち、平野さんと共に再び松陰先生の生誕地にもどりガイドを請うた。隣の墓所には松陰先生のほか、その親戚はじめゆかりの人々数十人の墓があり、そのひとつひとつについて丁寧に説明をいただく。眼下には萩の城下町が広がっている。地上の裏側から巨人が指で突いて盛り上がったような指月山と、城下町をぐるりと囲む2本の川。まさに自然がつくりだした要塞だ。現代の少年たちがレゴを組み立て戦争ごっこをするように、ヤンチャな松陰少年はミニチュアのような萩の町を眺めながら、どんな風に空想を組み立てたことだろうか？

大地の色はどんな色？

◇藍場川《あいばがわ》の桂太郎

萩城下町の三角州の下のほうに、藍場川という疎水のながれるエリアがあり、歩けば30分ほどの散歩コースとなっている。もとは田んぼの用水路の幅を広げたもので、低地の水はけをよくする機能をもち、生活用水としてつかったり、舟を通して物資をはこんだり、火事の際には防火用水にもなった。藍場川沿いの家の庭は池に川の水が引き入れられており「流水式池泉庭園」という。土地の人たちが丹精した美しい生垣のしたを、まるまるとした鯉がゆったりと泳いでいる。自分たちの生活の一部として、庭を整えるように川を整えて道行く人々の目を楽しませる、地域のひとびととの優しさが感じられる場所である。

美しい藍場川の一角。不粋なビニールの管は、竹でカムフラージュ。丸々とした鯉が悠々と泳ぐ。

総理大臣として最も長く在任し、第2代台湾総督もつとめた桂太郎の旧宅（萩市川島73—2）もこの川沿いにあり、史跡として公開されている。桂家は毛利藩に仕える武士の家で、藩校・明倫館に通った太郎は、戊辰戦争《ぼしんせんそう》に従軍したあと弟の次郎と共にドイツへ留学する（そこでビールの味を覚えた次郎は、日本に帰ってから「エビスビール」の会社を興している）。

台湾総督として在任したのはわずか4か月の桂太郎だが、その後の日台の関わりに大きく関与していることに、台湾協会学校（現在の拓殖大学）の設立が挙げられる。台湾協会学校は１９００（明治33）年に植民地開発のための人材育成を目的として建てられ、桂はその初代校長となった。いまも拓殖大学の建学の精神は、「積極進取の気概とあらゆる民族から敬慕されるに値する教養と品格を具《そな》えた有為な人材の育成」という桂太郎の言葉にある。

◇萩本陣二万年の湯◇萩ガラスという挑戦

松陰先生が生まれた場所から少し車を走らせると、萩市内を一望できる宿がある。ひと山がすべて敷地となっている創業40年の「萩本陣《はぎほんじん》」（萩市椿東３８５—８）だ。

現・社長である松村孝明氏の父、松村勇会長の「萩の活性化に温泉はどうしても欠かせない」という熱い地元愛によって、世界の油田採掘技術者を招いて2千メートル地下でようやく掘り当てた源泉は、2万年前に地下に貯まったイオン濃度の高い古代の地下水という。萩のあたりは火山質の花崗岩《かこうがん》地帯で、萩城跡の背にある指月山は約1億年まえの花崗岩といわれる。ゆっくりと2万年かけて濾過された源泉はミネ

第二代台湾総督を務めた桂太郎は
頭が大きくて、実際死後に脳みその
重さを計ったら普通より随分重かったらしい。

ラルを豊富にふくむらしいが、じっさいこの萩のあたりは地質学的にも大変ユニークだと教えてくれたのは、「萩ガラス工房」（萩市大字椿東越ケ浜4区1189―453）の藤田洪太郎さんだ。

大学でセラミックを学び、ニューセラミックの会社に就職して40年近く研究開発に携わってきた藤田さんがガラスづくりを始めたきっかけは、幻の「萩ガラス」について知ったことによる。幕末の萩にあったガラス技術でつくられた「萩切子」は、名高い薩摩切子や江戸切子にも負けないほどの完成度を誇ったというもので、その復活を夢見た藤田さんは、本場・ハンガリーで学んだのち、1992（平成4）年に「萩ガラス工房」を設立した。

萩でどうして高品質なガラスが作られたのか？　それは、萩の土地はガラス成分である「石英《せきえい》」が多く含まれた安山《あんざん》岩の産地だからだ。萩の岩は65％という高濃度で石英をふくむため、少し熱を加えただけですぐにガラス質となる。また成分に鉄イオンを含むので、自然に緑色を帯びる。やさしい若葉色のガラスたちは、萩の大地の色そのも

萩ガラス工房の
藤田洪太郎さん。
美しいエメラルド・グリーンは
萩の大地の色。

萩本陣の山頂にある足湯まで連れていってくれるのは
SLやまぐち号でおなじみの「貴婦人」C57を模した車。
よくみると、ナンバープレートまで「C57」にちなんで
「57-11」！芸がこまかい！

のだ。「わたしはアーティストではなく、技術者なんです」という藤田社長の工房は、どちらかといえば化学実験室や研究室の趣きがある。元は緑色の萩ガラスを無色透明にするにはどんな成分が必要か、ピンクや青色をつけるにはどんな鉱物を足せばよいか……知的好奇心を刺激されわくわくする。日本や台湾では、アート＝芸術、サイエンス＝理科・科学という感じで別モノの印象があるが、本来的に「Ａｒｔ」という言葉は「Ｎａｔｕｒｅ」に対して、「わざ」や「人から人へと伝わる技術」を意味することに思い到る。

◇見島〜千年の牛に会いにいく

萩の沖40キロの離島・見島《みしま》は、山口県最北端にある周囲14キロほどの小さな島だ。２０１７年に台湾で出す山口の本の構想をしているとき、見島に日本の和牛の原型であり、純粋な在来種「見島ウシ」（天然記念物指定）がいると知り、会いに行きたいとずっと思っていた。

同じころ、日本産の和牛が解禁となり日本各地のブランド和牛が輸入されるようになった台湾では、ちょっとした和牛ブームがわきおこっている。そして奇しくも同２０１７年の秋ごろに出たのが、台湾和牛「源興牛《ユエンシンニウ》」についてのニュースだった（ちなみに日本でいま和牛と呼ばれている肉用牛は、明治期から在来種と外国種との交配が行われて現在にいたるもので、その和牛種はオーストラリアでも数多く飼育されている。日本産のものを「和牛」、外国産のものを「Ｗａｇｙｕ」と表示して区別するが、ここでは台湾での表記そのまま「台湾和牛」と記す）。

台湾和牛「源興牛」を育てているのは、戦後長らく軍事独裁政権下にあった台湾を今の民主国家的な姿にまで導いた李登輝《リーデンフェイ》元総統。日本統治下の台湾で生まれ育ち、京都帝国大学農学部を卒業、青年期までを「日本人」として過ごした李登輝氏は、毎週かかさず『暴れん坊将軍』を観ているというほどの日本びいきだが、先だって石垣島を訪問した際に食べた石垣牛の美味しさに感激し、台湾でも和牛を育て人々に食べさせたいとの思いで、研究開発に着手したという。

報道によれば、「源興牛」は日本時代に日本本土より持ち込まれ陽明山《ヤンミンシャン》で放牧されていた黒毛牛を、李登輝氏が買い取って花蓮の牧場で飼育をはじめたもので、台北郊外にある李氏の故郷・三芝の実家「源興居《ユエンシンジュ》」から名をとった。その源興牛、DNAを調べたところ、なんと山口県の見島で飼われている見島ウシに一番近いという。これは何としても見島ウシに会いに行かなくちゃ。

萩港から、「おにようず」という連絡船に乗る。「おにようず」とは鬼楊子と書く。見島で子どもが生まれた時に畳六畳ぶんもの大きさの鬼の顔を手描きし、大空へと揚げる見島伝統の凧だ。

向かうは国境の島、見島。幻の牛ともいわれる見島ウシにようやく会えると思うと、気分は天上大凧に舞い上がるおにようずの如し。不思議なことに、見島を空から眺めると、見事に「ウシ」の形をしている。

明治以前までは、農耕用として農家に飼われるのが主だった牛が、明治維新以降は日本人の生活の西洋化によって、食肉としても飼育されるようになった。役牛だった日本の在来種は体躯が小さいため、食肉用に大きく太らせる必要がある。そこで、ヘレフォード種やアンガス種、ホルスタイン種などの西洋種と在来種との交配が進められた。いまや日本の松阪や神戸などの有名ブランド牛はじめ、ほとんどの「和牛」

は黒毛和種と外国種とが掛け合わされた雑種である。ところがここ見島では、外国種との交配が進まずに、混じりけのない在来種の牛が奇跡的にのこった。

それでも、見島ウシも過去には交配に踏み切ろうとした記録が残っている。元山口女子大学長で、農業経済学研究者の中山清次さんの著書『牛道をあゆみて〜和牛経営調査紀行』には、「明治中期、見島がデボン系改良和種である島根県産種雄牛を導入し、見島牛の改良を図ったが、間もなくこの改良事業を中止して再び在来種見島牛を温存した」ことが書かれている。日本全国を挙げて牛の交配が行われるなか、どうして見島だけは交配を取りやめたのだろうか？

近づいてくる見島に目を凝らすと、宇宙基地のような灰色のレーダーが見えた。この島には、航空自衛隊の分屯基地がある。それもそのはず、この海の先には韓国・北朝鮮・ロシア・中国があり、ここは日本からアジア大陸を見た場合、対馬につぐ最前線なのだ。こうした地理学と見島の歴史は切っても切りはなすことはできない。古くから大陸との交易の中継地点として栄えた見島だが、少なくとも6世紀ごろには、大和朝廷から「防人《さきもり》」に任じられた人々が暮らしたことがわかっている。防人から自衛隊へ、千年の時を跨いでこの島の地理的な役割は変わらずにいる。

見島を訪れる直前に、とある書籍と運命的な出会いをした。たまたま本屋で見かけた『千年の田んぼ』（石井里津子著）という本で、表紙をぱっと見たところ見島の話とはどこにも書かれていないのに、中では見島について驚くべき秘密が明かされていた。

見島に残る「八町八反《はっちょうはったん》」（萩市見島）と呼ばれる田んぼが、じつは西暦6―7世紀ごろに作られた条理《じょうり》（当時の中央政府が定めた戸籍を反映させた田んぼの単位）であること、そしてこの条理、およそ1300年の時を超えて殆どそのままの形で残された、日本にふたつとない「奇跡の田んぼ」であるというのである。

役牛が田んぼをならし耕してくれる農耕の必需品であると思えば、見島ウシの祖先はおそらく、稲作技術とセットでこの島に渡ってきたと考えられる。千年以上、ここ見島で人々の暮らしに寄り添いながら、純粋な日本在来種としての血種を保ってきたに違いない見島ウシは、まさしく「千年の牛」なのだ。

そんな見島ウシに、ようやく会えたときの喜びは大きかった。見島ウシ保存会の多田一馬会長のご案内で、小高い丘を抱いた共同牧場でのびのびと育っている見島ウシを眺める。1967（昭和42）年には33頭まで減って絶滅寸前だったところ、同年に見島ウシ保存会がつくられ、現在は87頭まで回復した。すべて自然交配である。引き締まって小柄な体つき、真っ黒でツヤツヤとした毛並みに、濡れた瞳が愛らしい。前の肩あたりがガッシリとした逆三角形の体躯は見島ウシの特徴で、段々畑の多い見島の田んぼでも小回りが利く。性格は敏《さと》く、よくいうことを聞いて働きものだそうだ。まるで日本人の一般的な長所を説明しているよう。種牛である「喜富士《よしふじ》」と「竜吉《たつきち》」以外はすべてメスで、その一頭一頭に名前が付けられている。

「えーと、こっちから幸子、秋美、初美、幸代……」と多田会長がゆびさしで教えてくれる雌牛たちの名前が、なんだか昭和の香り濃い飲み屋街のスナックを彷彿とさせ、笑ってしまった。

不思議に糞がまったく臭くないのは、牧場の草のみで育っているからだろうか。和牛の特徴は霜降りの肉質にあるが、見島ウシは「足の先まで」霜降りだという。その理由は、潮の塩分やミネラルを豊富に含

んだ牧草にあると言われる。天然記念物として扱われるのは島内にいる見島ウシのみ、島の外にでた見島牛には適用されないため、年間におよそ10頭のオスが島の外で食用となり、国の補助だけでは足りない支出を補っている。出荷先は直営店か東京の飲食店で、卸値で100グラムが大体3～4000円という希少性の高い和牛だが、頭数が少ない見島牛で生計を立てることは難しく、一番の問題は後継者が不足していることだ。見島牛の名前をひろめ、頭数を増やして経営を安定させることで、保存につなげたい。そう考えた保存会と萩市の食肉店「みどりや」（萩市大字堀内89番地）では、オランダ生まれのホルスタイン種を見島牛と交配させた一代雑種の「見蘭牛」を40年ほど前より育てている。頭数は250頭前後で、萩から30分ほどの山中でのびのびと育っているが、出荷数も多くないので、「みどりや」による直営レストランをはじめ、萩市内のホテルや飲食店での提供にとどまっており、萩でこそ食べられるブランド牛といえる。

台湾和牛「源興牛」の写真を多田会長に見せると、「見島ウシによう似とるねえ！」と驚きの声があがった。角や体つきが本当によく似ていると、多田会長が目を見張る。

国の天然記念物に指定された1928（昭和3）年以前は、見島で雄牛・雌牛がセットの市場が開かれていたそうだ。それなら、時期的にも源興牛の祖先が台湾に来たころと一致する。台湾行の船は北九州門司から出ていたので、萩から鉄道か車で門司港まで運ばれて船に乗り、台湾北部の基隆港に到着して陽明山まで行ったのかもしれない。足の先まで和牛の特質を備えた、見島ウシに近い台湾の「源興牛」。なんだか、礼儀正しく美しい日本語を話し「日本人より日本人の美徳を守っている」といわれる台湾の日本語世代（戦前の日本時代に高等教育を受けた台湾人のこと）に相通じるものがある。

千年以上にわたって営まれて来た見島の稲作、その稲作を行っていたのは誰だったか。それは朝廷から防人を任命された、あの時代における最後の「豪族」の人々ではなかったかと、書籍『千年のたんぼ』には書かれてある。日本海の荒れる冬には絶海の孤島となる島で、食糧事情を安定させるためには、自給自足が不可欠だった。また海のうえにある島の土は砂質で水をすぐに吸い込んでしまう。田んぼは池であり、雨水が湛えられた池はそのまま田んぼとなる。山は耕地となり、海は漁場となる。見島では今も「コシヒカリ」が育てられ、島民のお腹を満たすどころか、島外にまで出荷している。この規模の島で稲作をしているのは全国的にも珍しいだろう。孤島であったがために、島の資源は永続的に人の智恵によって活用されつづけ、その営みのなかに、いつも見島ウシが居た。そして現在、島の半分は自衛隊の基地となって開発がつづく。そんな見島の姿はさながら、災害がおおく自然環境のきびしいこの島国を、住みこなしてきた日本人の来し方の縮図のように思える。

見島の防人にあたった豪族が眠る墓は、「ジーコンボ古墳群」（萩市見島字片尻）といわれ、千年のたんぼ「八町八反」のすぐそばに、海岸を背にして点在している。観光協会の天賀保義さん曰く、島では古く「ジコンボ」（地公墓）と呼び、それは台湾語でのお墓の呼び名とも伝えられているそうだ。台湾ローカルでよく使われる言葉、台湾語（ホーロー語）は中国福建省の方言から来たというが、島に伝わる大凧「おにようず」といい、見島に暮らしていた人々は、もしかすると稲作が盛んだった中国南部にルーツを持つ人々だったのかもしれない。なんとも不思議な因縁ではないだろうか。

旅と栖《すみか》

◇台湾漁業近代化と国司《くにし》浩助《こうすけ》

萩市内には7つの「道の駅」があるが、魚市場に直結した「萩しーまーと」（萩市椿東北前小畑４１６０―61）は特に人気がある。地産地消をコンセプトに、２００１年に開業。萩漁港で水揚げされた魚の15パーセントがここで販売されているそうで、全国で選ばれた6か所の「全国モデル道の駅」のひとつでもある。毎月一度、旬の魚の無料試食や魚の捌《さば》き方教室を開催するなどイベントも工夫され、地元民のスーパーとしても機能していて、店先にならぶ天ぷらや練り物などの豊富なお惣菜をみていると、ついつい財布のひもがゆるむ。

日本漁業に近代化をもたらしたのは捕鯨とトロール漁（底引き網漁法）だが、特に後者トロール漁業の先駆者となったのが、神戸うまれ萩育ちの国司浩助《くにしこうすけ》だ。5歳のころ萩の国司家に養子に入った浩助は、山口中学校を卒業したのち、養父の従兄弟で日産コンツェルンを創設した鮎川義介のすすめにより、水産の道に入る。１９０８（明治41）年から汽船トロール漁業の調査のためイギリス・ドイツに留学した国司は、下関・田村汽船漁業部の田村市郎の命をうけ、イギリスでトロール船「湊丸」を造船し、日本へと持ち帰る。この国司のつくった1隻のトロール船を元に、日本を代表する水産会社に成長したのが「ニッスイ」

（日本水産）である。

台湾にも、国司の働きにより「蓬莱《ほうらい》水産」が設立され、ディーゼル機関をのせたトロール漁船が初めて導入されたほか、高雄や基隆に冷凍庫が設けられて、台湾の食卓に東シナ海で獲れた魚がのぼることとなった。国司はいま、「台東開発の父」賀田金三郎の墓のある北古萩町海潮寺《かいちょうじ》のおむかい、享徳寺《こうとくじ》（萩市北古萩町1区66）にねむっている。

国司浩助と1歳ちがいに、台湾の嘉南大圳《ジャーナンダーヂェン》ダムをつくった金沢出身の八田與一《はったよいち》（1886―1942）がいる。太平洋戦争中の1942（昭和17）年に広島からフィリピンへ向かう途中、長崎県沖でアメリカの潜水艦に撃沈されて亡くなった。八田の遺体は対馬海流に乗って萩沖に漂着し、萩の漁師によって引き揚げられたと伝えられる。

◇雲林寺《うんりんじ》の猫草

日本とおなじく台湾も近年は猫ブームで、日本でいうところの「猫下僕《ねこげぼく》」に相当する「猫奴《マオヌー》」（猫の奴隷の意）という言葉まで生まれた。ちなみに蔡英文総統もかなり重度の「猫奴」と公言している。

台湾台北市の近郊に、古くは鉱山の町として栄えた猴硐《ホウトン》という駅があり、猫がたくさんいるので猴硐《ホウトン》猫村《マオツェン》と呼ばれて名を知られているが、萩市郊外の山村にも話題の猫スポットがある。岡山県の出身である角田《すみだ》和尚が、色んなものに導かれるようにたどり着いたここ雲林寺《うんりんじ》（萩市吉部上2489）では、予想をうわまわる「猫愛」な世界がくりひろげられている。

昭和の曹洞宗の偉人で無為自然を説いた澤木興道《さわきこうどう》師の本を読んで仏道を志したもの の、人生修行が足りぬと思い直し、印刷会社でサラリーマンをして名古屋・東京と都市生活を過ごした角田和尚。あらためて臨済宗へと弟子入りし、小僧としていろんな地を訪れるうち、1996（平成8）年、山口に縁を得て現在の雲林寺へと赴任した。檀家も多くが地元を離れている萩の山奥だけに、赴任当時は雨のたびにバケツをもって寺中を走り回っていたという。その後しばらくして、招き猫収集家だった伯母の遺品を引き継いだあとから、いろんな方面より猫グッズが奉納品として続々と集まるようになり、今にいたる。現在は夫人と2人の子ども、4匹のニャンコ（本物）、600体近くの猫像とともに、各国からお客さんを迎える毎日を送っている。本尊前には、なでるとご利益がある「び

雲林寺のびんずる猫様と
角田和尚と奥さん。

んずるさま」ならぬ「びんずる猫様」が鎮座するが、これら猫像の多くは世界大会チャンピオンにもなった地元のチェーンソー・アーティスト、林隆雄さんの手によるものだ。庭には、ネコハギ・ネコノチチ・ネコノメグサ・マタタビなど、猫にまつわる名前を持った「猫草」たちがノビをするように生えている。

萩市内にあった毛利輝元の菩提寺・天樹院《てんじゅいん》には、輝元の家臣・長井元房にまつわる愛猫伝説が残っているが、ここ雲林寺はその天樹院の末寺にあたる。雲林寺ではその伝説を『招福堂縁起絵巻《しょうふくどうえんぎえまき》』という漫画冊子におこして参拝者を楽しませているが、なんとこの冊子、台湾や香港で使われている繁体字《はんたいじ》（旧漢字のこと、中国で使われる簡体字と区別される）版もある。とくに香港や台湾からの来客が多いため、わざわざ作ったという。日本人にとってもかなり交通の不便な場所ではあるが、それでも電車やバスを乗り継いでようやくたどり着いた台湾の方々が、これを目にしたときの喜びは格別だろう。山口県の旅はとかく「交通が不便」というのはよく言われることだが、「不便な旅」もまた忘れがたいものだ。

雲林寺の山号は「栖月山《せいげつさん》」。偶然にも、わたしの栖来《すみき》とおなじく、「栖」という字を抱く。私の名前は、松尾芭蕉の『奥の細道』の冒頭にある「日々旅にして、旅を栖とす」という言葉が元になっている。常に旅のなかにあるような新鮮な眼をもって、日々を見つめ書きたいという願いをこめた。それに対し、角田和尚は雲林寺という「栖」で、いろんな国からの旅人を迎えている。「栖」も「旅」も人によって色々だが、それらが結びつくためには縁というものが大きく作用していると、最近ふかく感じている。

Chapter 5

美《み》祢《ね》

こうもりのおしっこ

◇秋芳洞《しゅうほうどう》とカルスト台地◇美祢のクイーンズヘッド

小学校のとき秋吉台へ遠足に行った後、壁新聞をつくった。私が書いたのは、秋吉台についての怖い話である。かつて何人もの旅行者が秋吉台で行方不明になったことを聞いたからだ。案内をしてくれた美祢市台北観光・交流事務所の所長、古川和則さんに聞いてみた。美祢市は、独自に観光事務所を台湾に置いている全国でもめずらしい自治体だ。

秋吉台は石灰岩が弱酸性の性質をもつ雨水で浸食されて出来たカルスト台地だが、その歴史は遥か2千万年前にさかのぼる。「ドリーネ」と呼ばれる溶食された窪みから地下に雨水が流れ込み、秋吉台の下には今のところ453個の鍾乳洞が見つかっている。数十年前までは点在するドリーネに落ちて亡くなる旅行者が後を絶たなかったそうで、私が小学生の時に聞いたのも、そういう話のひとつだったのではと、古川さんが教えてくれた。深さ何十メートルもあるドリーネからは、死体が見つかることは滅多にないらしい。しかし今は危険性のあるドリーネには柵がつき、そういった事故は無くなった。

それどころか、現在は美祢名物の美東《みとう》ごぼうがドリーネで作られているという。国定公園なのに、ごぼう栽培？　じつは不思議なことにドリーネのみ私有地として認められており、それぞれの所有者が畑とし

南国台湾ではあり得ない
雪をかぶった「クイーンズ・ヘッド」は
台湾のSNSで話題になった。

て利用しているそうだ。ドリーネは水はけがよく赤土で、肉質が柔らかく風味豊かなごぼうの生育に適している。鍾乳洞・秋芳洞前の商店街にある「安富屋」（美祢市秋芳町秋吉３４４２）では、ドリーネで作られた美東ごぼうが麺に練りこまれた「ごぼううどん」が食べられる。揚げたごぼうの乗った肉うどんで汁にコクがあって美味しいが、あのドリーネで栽培されたゴボウなのだと思うと香りがさらに引き立つ。ちなみに安富屋さんの隣には、美祢市が友好提携を結んでいる台湾の野柳《イエリョウ》地質公園から贈られたモニュメントがある。野柳地質公園は台湾北部にある自然公園で「東洋のカッパドキア」とも呼ばれ、岩が長いときを経て波と風に浸食されて、独特の海岸風景が繰り広げられる。美祢市に贈られたモニュメントは女性の頭の形をしており「クイーンズヘッド」と呼ばれ、この公園の象徴的な岩である。ある冬の日に、安富屋のご主人が撮影した雪の降り積もったクイーンズヘッドの写真は、南国台湾の野柳では絶対に観られない光景として、台湾のＳＮＳで話題を呼んだ。

　古川さんに案内してもらって秋芳洞に入った。秋吉台の鍾乳洞のなかで最大、長さにおいて日本3位、空間の体積は日本一を誇る。入り口は３つあるが、今回はじめて裏側の「黒谷口」から入った。秋芳洞があるのは地下およそ１００メートル。降りてゆくほどに、ひんやりした空気が重みを増す。トンネルを抜けて洞窟に足を踏み入れた私の前にあるのは、自然が生んだ地下の帝国だ。眼を凝らせば、気の遠くなるような時間の積み重ねのなかに生まれためくるめく造形世界が繰り広げられる。

　秋芳洞のなかには、「千畳敷」「巌窟王《がんくつおう》」「黄金柱」など名前の付いたスポットがいくつもあるが、「大仏岩」を時計の反対まわりに廻ると寿命が1年のびると教えてもらった。小さいころから何度もきている秋芳洞だが、大仏岩の後ろに廻りこめることさえ知らなかった！　ツンとする匂いが鼻をつく。公衆便所み

大仏岩を時計と反対回りに一周すると、
一年寿命がのびる（らしい）。

千枚岩は、空間造形
ともに圧巻！

たいなアンモニアの匂いは、こうもりたちのおしっこだそう。こうもりのおしっこも人間と同じような匂いなんて、なんだか不思議。

「天井のほうに耳を澄ませてみてください」と古川さんがいうので注意をむけると、金属タワシをこすり合わせるような音が微かにきこえる。超音波みたいなこうもりの鳴き声だ。

途中で、エレベーター口から地上に上がることも出来る。上にはカルスト展望台と科学博物館があり、「Ｋａｒｓｔａｒ（カルスター）」（美祢市秋芳町秋吉11237—862）というお洒落なジオパークセンターも最近できた。ここではコーヒーやシャーベット、地元の食材を使ったサンドイッチなどの軽食を、秋吉台の絶景を観ながら楽しむことが出来る。

◇湾生の知事・小澤太郎◇台湾と秋吉台

生まれも育ちも美祢市の古川さんだが、古川さんのお母さんは、1945（昭和20）年終戦の年、台湾東部の港町・花蓮《ホワリエン》の生まれらしい。お母さんのお父さん、つまり古川さんのお祖父さんは花蓮で鉄道の駅長をしていた。戦前の台湾に生まれた日本人、「湾生《わんせい》」である。秋芳洞の商店街入り口には「新高館《にいたかかん》」（美祢市秋芳町秋吉3486—1）というお土産店もある。店主の村木さんは三代目で、創業したお祖父さんは台湾で砂糖工場を経営していたが、引き揚げて1951（昭和26）年に新高館を開いた。お店の名前は台湾の最高峰・玉山の日本時代の名称「新高山《にいたかやま》」から取った。太平洋戦争開戦の暗号「ニイタカヤマノボレ」の新高山のことだ。古川さんのお母さんの話も新高館も、たまたま耳にした話ではあるが、秋吉台と湾生のあいだに横たわる深い縁を改めてかんじた。なぜかといえば、１９５６（昭和31）年に米軍の爆撃演習地計画を阻止し、秋吉台を救った山口県知事・小澤太郎も湾生だったからだ。

明治期から日本陸軍の演習場だった秋吉台は、戦後は陸上部隊の演習という条件つきで米軍が使っていた。ところが、今度は米軍から航空部隊の爆撃演習を行うと申し入れを受けた当時の山口県知事・小澤太郎は直ちに反対し、「学問上きわめて貴重な文化財である秋吉台を爆撃演習で破壊することは絶対に許すことが出来ない」として、アイゼンハウアー米大統領に直訴の手紙を送り、米軍将校たち数名を前に「もし爆撃演習を行うならば、知事自ら現場に座り込む」とせまるなど粘り強く交渉をつづけ、ついに爆撃演習を中止させる。

わたしが小澤太郎の存在を知ったのは、山口県防府市出身の呉《ご》さんという台湾人の男性から連絡をうけたことに端を発する。わたしが台湾の日本語雑誌『な～るほど・ザ・台湾』誌に書いた、台湾を代表する洋画家・陳澄波《チェンツェンポー》の幻の絵「東台湾臨海道路」が山口県防府市で発見された記事を、台北出張中にたまたま見た呉さんが、山口と台湾の知られざる縁に驚いて編集部を通して連絡をくださり、話を聞くことになったのだ。なんでも呉さんのお父さんは戦前に早稲田大学に留学しており、戦後はＧＨＱと蒋介石《チャンジエスー》の通訳などを務めていたが、同じく台湾出身だった小澤太郎を慕って山口に移住したという。山口市で弁護士事務所を開いている小澤太郎のご子息・小澤克介氏を訪ねたところ、小澤太郎による晩年の回想録『風雪』をくださった。戦前・戦後を通して小澤が携わった数々の仕事について記されているが、とくに台湾総督府に勤務していたときの記録は、当時の台湾の状況を知るうえで非常に価値ある読み物だ。

小澤太郎は１９０６（明治39）年、台湾の離島・澎湖《ポンフー》島にうまれた。小学４年生で２か月だけ、父親の故郷・萩に帰り明倫小学校で学んでいるが、松下村塾や萩城址・高杉晋作の生家などを見て回り、はじめて郷土の美しさと誇り高さに触れた、と記されている。その後は台南中学からひとり山口県へともどり、防長教育会の奨学金をうけながら旧制・山口高等学校で学び、東京帝国大学法学部にすすんだ。防長教育会は、山口県出身の優秀な学生を対象に奨学金を貸し出す民間奨学団体で、１８８４（明治17）年に当時の萩藩主・毛利元徳《もとのり》の提唱によって創設され、日本でもっとも古い歴史をもつ。

東京の防長教育会の事務所では月に一度、奨学金を受ける学生たちが郷土出身の先輩たちとお互いに意見を交換する場が設けられており、大学で台湾原住民タイヤル族について研究していた小澤太郎は、タイヤル族の社会が秩序を維持するための掟やタブーについて、意外なほどに民主的な面があることを発表する。ちょうどそこに同席し、興味をもって色々質問したのが、防府市出身の第11代台湾総督・上山満之進だった。これが縁となって台湾総督府へ就職が決まった小澤太郎は、１９３０（昭和５）年に神戸より渡台した。

『風雪』を読みながら感じたのは、小澤の人生に貫かれている人権・平等・民主を尊ぶ気骨ある個性に、台湾という存在が大きく影響していることだ。例えば太平洋戦争末期の皇民化政策については「本島人《ほんとうじん》の信仰に干渉し、祠廟《しびょう》を廃し、またはその祭典を抑制して神社参拝を強要し、日本語の使用を強制し、改姓名を奨める等、まことに言語道断、乱暴極まる行政が行われていた」と記し、当時の第18代長谷川《はせがわ》清《きよし》総督に「日本の台湾統治の目標は島民を幸福にすることであるが、経済的には豊かになり物質的幸福はあっても、法制的・社会的不平等が存在し」「国家非常事態の今こそ、差別を是正して、島民と心から手を取り合っていくべき」と進言もしている。こうした相対的視点と信念は、台湾で生まれ育ち台湾人の友人も多かった小澤ならではと言える。小澤の親友に陳炘《チェンシン》というひとがいる。戦後に二・二八事件で逮捕・処刑された台湾人エリートのひとりで、作家の張深切《ヂァンシェンチィエ》に「台湾における不世出の偉人のひとり」と評された人物だ。小澤も『風雪』のなかで「当時の台湾人中もっとも進歩的な聡明な人物で、将来の台湾を荷《にな》って呉《く》れる人物と嘱望していた」と書き、小澤を訪れた陳炘が涙を流しながら「総督府は今、水の流れを逆に流すことばかりやっている。今後君が必ず水をまともに流して呉れることを信ずる」と激励したエピソードを紹介している。

敗戦ぎりぎりまで台湾人の権利向上に奮闘していた小澤だが、最後の台湾総督となった安藤利一とぶつかり、台南に左遷されて終戦を迎え、ついに引き揚げとなった。山口に戻った小澤は、山口県知事選に出馬し初当選して1953（昭和28）年から1959（昭和34）年まで知事を務め、下関漁港の修改築をはじめとする遠洋漁業の振興をはかり、瀬戸内海側沿岸を中心に大規模工場誘致に成功、佐波川ダムを始めとする各地のダム建設など、戦後の山口県の産業インフラ整備に貢献した。また農業においても台湾で蓬莱米を開発した農学博士・磯永吉を顧問として招くなど農業試験場の強化をはかり、県内の米の自給を達成した。

故郷の発展に尽力した小澤太郎についてまったく無知だった私が、台湾を通してその存在を認識するに至ったのは何という因縁だろう。そしていま、その小澤氏に救われた美しい秋吉台が、私の眼前に広がっている。

そんなことを考えながらぼんやりしていると、古川さんがこんな質問を投げかけてきた。

「ところで秋吉台には多くの白い石灰岩がみえますが、いくつあると思いますか？」

言いえーと。どこまでも続くかにみえる秋吉台。その石が幾つあるかなんて、考えたこともなかった。淀んでいる私に、古川さんがいたずらっぽく笑った。

「1個なんですよ」「えっ」「秋吉台の表面に見えるのは巨大な石灰岩の一部がそれぞれ顔をのぞかせているだけなんです」

してやられた。古川さん、お客を案内するたびにこの質問をしているだろうが、答えを言うときは毎度さぞかし気持ちがいいだろう。わたしも今度友人を連れてきたら尋ねてやろうっと。もうひとつ、前回訪ねて気づいていたことがある。秋芳洞の出口を内側から眺めたときに、その出口の形が台湾にそっくりなのだ。本当かどうかは是非とも秋芳洞を訪れて、じっさいに観てみてほしい。

Chapter 6

山陽小野田《さんようおのだ》
宇部《うべ》
新山口《しんやまぐち》

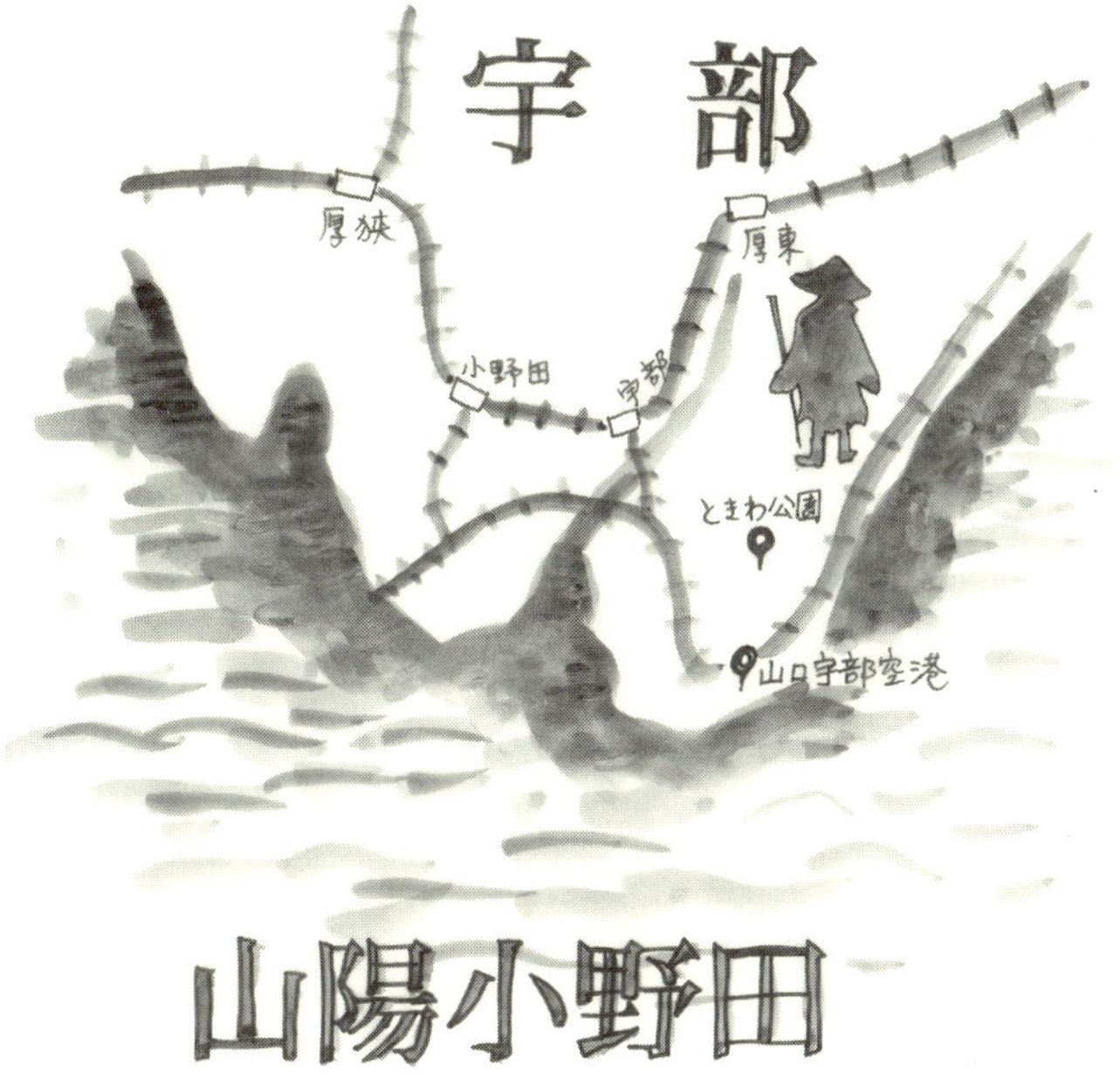

瀬戸内のかぜ

◇海から見る山口

山口といえば「ふく」で下関の名産というイメージがあるが、じつは殆どの天然ふくは萩の漁船によって水揚げされているらしい。昔からあちこち漁にでかけては、いろんな魚を捕ってきた萩の漁師たちは、明治よりあとには台湾や東シナ海の漁場も開拓した。昭和初期にはカジキマグロ漁をしていた萩の漁船が、台湾東部の蘇澳《スーアオ》に寄港していた記録もある。瀬戸内海に浮かぶ周防大島・沖神室島《おきかむろじま》の漁師には、九州から台湾・ハワイまで出かけてそのまま移住した人も多いと聞く。

2辺に日本海と瀬戸内海をもつ山口県は、大昔より海路の発達した「海洋都市」だった。狭い島国の陸路をゆくよりも、海流や季節風がひらく道を進んで世界を目指すのが山口人にとってはむしろ当たり前で、そういった精神が幕末から明治にかけての日本の運命と呼応したのかもしれない——海鮮を扱う飲食店「吉祥」グループを営む沼聖剛《ぬませいごう》さんのヨットに乗って瀬戸内の風に吹かれながら、そんなことを考えた。

沼さんのヨットは宇部の小さな漁港に停泊しているが、時には日本海にまわって萩までクルーズしたり、天気がよければ風まかせに眠っているうちに、対岸の九州・国東半島までたどり着くこともあるという。「国東の中津（大分県）に船を泊めて、陸に上がってぶらぶらしてたら品揃えの良いウイスキーバーを

見つけた。マスターお薦めの、いま世界で話題沸騰中という台湾のウイスキー『ＫＡＶＡＬＡＮ（カヴァラン）』を呑んだけれど、とても美味しかったですよ！」と沼さん。ＫＡＶＡＬＡＮは、台湾の東側にある宜蘭《イーラン》というところで醸造されているウイスキーで、醸造所設立から10年ほどで、ウイスキーの世界大会で金賞を獲るまでに成長した台湾の誇りだ。ちなみに醸造所がある地方を古くは噶瑪蘭（クバラン）地方といい、そこに住んでいた原住民族をＫａｖａｌａｎ族とよぶ。

碧色にひかる山口の海岸線を、いつもは陸側からだが、今日は海のほうから眺めている。身体にまとわりついていた疲れや憂さが、泡立つ波と一緒にながれていく。風に1時間ほどはこばれ、竹島という無人島に着いた。カヤックを漕いだり貝を拾って遊び、船の上でバーベキュー。遊びつかれたら、ハンモックや船内のベッドでひと眠りしているうちに、漁港のある海岸がみえてくる。朝市のとっくに終わった漁港では、地元の漁師さん家族が集ってゆっくりお喋りに興じている。沼さんも船の片づけが済めば、漁師さん達の輪に混じっては、漁や海の話をしながらビールを呑む。ヨットをもつことは、経済的に恵まれた人の特権ではあるが、では本当にヨットを持っているどれぐらいの人が、こんな贅沢さを享受できるだろうか？　沼さんのヨットが教えてくれたのは、食べたり観たりするだけではない、山口の海や風が生活のなかに生み出すギフトみたいな時間である。

◇ときわ公園

宇部はむかし、煤煙《ばいえん》の街だったそうだ。6千人の小さな寒村が、明治期以降に炭鉱都市として発展して

5万人まで人口がふくらみ化学工場が林立し、公害に悩まされていたのが1950年代のことである。

その不健康なイメージに対して、立ち上がったのが女性たちだった。街のあちこちに花や緑をふやす「花いっぱい運動」が起こり、彫刻作品を街の各地に設置する市民運動に発展した。その後、始まったのが「UBEビエンナーレ（現代日本彫刻展）」だ。現代彫刻にしぼったコンペ形式の展覧会は、1961（昭和36）年の第1回目から50年以上、世界で最も歴史ある野外彫刻の国際コンクールとなった。台湾からも毎年幾名かの応募があり、入賞者も出ている。

メイン会場になっているのは、宇部市の中心部に位置する「ときわ公園」（宇部市大字沖宇部254番地）。1700年ごろに灌漑用につくられた人口湖・常盤湖を中心に1958（昭和33）年につくられた約189ヘクタールという大きな敷地をもつ公園だ。むかしは寂れた遊園地という印象だったが、近年は市長である久保田后子《きみこ》氏のテコ入れで、小さいながらも行き届いた動物園や植物館が新たにリニューアルオープンした。動植物それぞれの本来の環境を再現する「生息環境展示」という展示法を取り入れた動物園に植物館、どちらも敷地は広くはないが、くねくねとした道に沿って進めば世界中の多様な気候や生息環境がつぎつぎと出現し、大人も子どもも楽しめるようにデザインされている。公園内にある太陽光・風力発電の施設を利用して次世代エネルギーパークとしても機能しており、環境・芸術・福祉・スポーツなど多方面でバランスのとれた「生きている公園」として近年、注目を集める。公園のそばでバイオリン工房を経営する友人家族がいて、年に2度ほど遊びに行くたび公園を案内してもらうが、有機的に変化しつつ進化しているのを毎度のように感じる。宇部市民にとってときわ公園とは、じぶんの身体の一部を愛でるように、当たり前の生活のなかに機能している「生きた庭」なのだとおもう。

「星の王子様」でおなじみのバオバブの樹。
市民より多くのサポートを得て、アフリカ・セネガル
からやってきた、日本最大級のもの。

一般的にいえば保守性がつよくジェンダー意識の希薄な地方都市において、炭鉱や工場など男性社会が牽引することで物質的に発展してきた街に、女性による市民運動や市長の活躍が意識の変化をもたらしていることを実感させる。

気候は温暖で、地震などの災害もすくない。市内に飛行場もあり（２０１６年より台湾桃園とを結ぶチャーター便が不定期で飛んでいる）、年々生活環境もよくなっている宇部市の人口は現在、約17万人。ファーストリテイリングの柳井正氏が創業した「ユニクロ」は、市内の商店街にあった小さな紳士服小売店から始まったらしい。また映画監督・庵野秀明氏も宇部の出身で、アニメ『エヴァンゲリオン』の登場人物・葛城ミサトが愛飲する日本酒が旭酒造の「獺祭」だったり、『シンゴジラ』中のヤシマ作戦の大停電で「宇部市」が紹介されるなど、作品中にも宇部の風景や山口の風物がたびたび登場する。

◇台湾鉄道の父・長谷川謹介◇SLやまぐち号

宇部市と下関市のあいだに山陽小野田市というところがある。ここで１８５５（明治12）年に生まれたのが、「台湾鉄道の父」とも呼ばれる長谷川謹介だ。児玉源太郎台湾総督の右腕だった後藤新平に招かれ、台湾の鉄道事業に関わった。最大の功績は、１９０８（明治41）年に開通した基隆—高雄（打狗《ダーゴウ》）を結ぶ縦貫鉄道の建設で、予定よりも早い期間と費用で完成させたという。１９１８（大正７）年には鉄道院副総裁に就任、戦前の台北旧駅舎まえには、長谷川の銅像も建てられていたが、故郷の山陽小野田市で長谷川の名前を知るひとはいない。市役所に尋ねてはみたけれど、生家もお墓も子孫も、どうなっているかは不明とのことだった。

鉄道といえば、観光用SL機関車の先駆けSLやまぐち号だ。1973（昭和48）年に日本中からSL機関車が姿を消すことになった6年後に、多くのSLファンの要望をうけて週末や祝日だけ復活したSL機関車だが、2017年の6月には台湾鉄路の花蓮を走るCT270形機関車が、山口のC57形機関車とおなじ型ということで、姉妹列車提携も結んでいる。

SLやまぐち号が走るのは、山口線というローカル線。瀬戸内山陽側の「新山口」から出発し、山口を代表する温泉地のひとつ「湯田温泉」をとおり、県庁のある「山口」から風光明媚な「長門峡」をぬけ、終点は日本海山陰側、情緒あふれる島根県の小さな城下町「津和野」まで、山口県を縦断する。

私が生まれたのは1976（昭和51）年、

「台湾鉄道の父」と言われた長谷川謹介。戦前は台北駅前に銅像があった。

SL「やまぐち」号。
石炭を積む洗練された動作に
ぐっとくる。

ＳＬ廃止から約3年後のことである。高度経済成長の中に生まれバブル経済、そして「失われた20年」と呼ばれる停滞のなかで育った。私の成長した時代とは、殆どの手間がリモコンひとつの中にゆっくりと収束していく過程である。遊びという快楽でさえパソコンのキーひとつ、スマートフォンの画面ひとつに吸い込まれ、身体を感じる機会が少なくなった。そんな現代において、ＳＬやまぐち号に乗ったとき感じたのは、懐かしさよりむしろ、初めて蒸気機関車にふれた人が味わったかもしれない興奮だった。それは当時の石炭・蒸気が具現化した文明という肉体に、襲われ乗っ取られてしまうような官能である。文明を謳いあげる高らかな発車の合図、イノシシのように爆進するエネルギー、石炭を補充するときの宿命づけられ洗練された動き、むせび泣く悲鳴のような汽笛、猛り噴きだすどす黒い噴煙。山口で、台湾で、いまも走る蒸気機関車がある。台湾の縦貫鉄道をつくった長谷川謹介をはじめとする先人たちが、滝をあがる鯉のように命がけで登ろうとした近代の、その一端は今もここ山口に走っている。

Chapter 7

防《ほう》府《ふ》

上山満之進《かみやまみつのしん》と「東台湾臨海道路」

ことの起こりは２０１５年だった。

防府出身の第11代台湾総督・上山満之進（１８６９―１９３８）を研究している児玉識《こだましき》氏が、上山ゆかりの図書館倉庫で古い油絵をみつけた。裏には「陳澄波」と署名が入っていた。作品の名は「東台湾臨海道路」。まぎれもなく、台湾を代表する洋画家・陳澄波の、行方知れずになっていた作品だった。連絡を受けた陳澄波基金會の代表で、陳澄波の孫にあたる陳立栢《チェンリーバイ》さんはすぐさま台湾南部の都市・嘉義《ジャーイー》より山口へと飛び、祖父の絵を確認、このニュースは台湾の美術界で大きな話題となった。

陳澄波（１８９５―１９４７）は、台湾嘉義出身。東京美術学校に学び、台湾人として初めて帝展に入賞するも、日本の画壇で台湾人として成功することに限界を感じ、上海に渡る。太平洋戦争の激化とともに台湾に戻り、「淡水《ダンシュエイ》」など台湾の美しい風景を多く描いた。戦後に勃発した二・二八事件に巻き込まれ、52歳の若さで銃殺される。戒厳令下の台湾では、その存在はずっと伏せられてきた。しかし民主化につれて再評価が進み、その悲劇性も手伝って、香港の国際オークションで5億円前後の高値がつくほど爆発的に人気がでた。

そんな陳澄波の絵が、どうして防府で見つかったのだろうか？

絵が発見された防府市立防府図書館（防府市栄町1丁目5―1ルルサス防府3階）は、かつての名を「三哲文庫《さんてつぶんこ》」という。「三哲」とは、第11代台湾総督・上山満之進が尊敬していた吉田松陰、乃木希典、そして政治家の品川弥二郎《やじろう》という山口県出身の3人の哲人を指しており、故郷を愛した上山満之進が地域の文化育成のため私財を投入して建てた地域の図書館だ。見つかった陳澄波の「東台湾臨海道路」も上山より寄贈された物のひとつで、かつての「三哲文庫」を撮影した写真には、読書する子どもたちを静かに見守る「東台湾臨海道路」の姿がしっかりと写り込んでいる。

上山満之進が台湾総督を務めたのは1926（昭和15）年から1928（昭和17）年までのわずか2年。その短い任期の間の仕事には、倒産の危機にあった台湾銀行の建て直しや台湾大学の前身「台北帝国大学」の設立などがある。しかし特に注目したいのが、台湾原住民に高い関心を持っていたことだ。上山が総督を退いた際に、慰労金を投入して台北帝大に依頼した原住民族研究は、『台湾高砂族系統所属の研究』と『原語による高砂族伝説集』という学術書に結実した。日本時代から戦後にかけて失われた多くの台湾原住民文化を記録したこれらの研究資料は、今となってはとても貴重なものだ。そして上記の書物を編むための資金の一部で、上山は陳澄波に台湾時代の思い出となる絵の制作を依頼した。それが防府で見つかった「東台湾臨海道路」だった。

海に面した断崖絶壁が長く延び、山の中腹には1932（昭和7）年に開通した東海岸の宜蘭《イーラン》県蘇澳《スーアオ》と花蓮《ホワリエン》をむすぶ幹線「蘇花公路《スーホワゴンルー》」が描かれている。さらに台湾原住民の親子が手をつないで歩いており、海にはこれも原住民の小舟が浮かぶ。木製の額縁にも大きな特色がある。台湾・蘭嶼《らんしょ》島に暮らす「タオ族」

長らく行方不明となっていた
幻の絵『東台湾臨海道路』
と対面を果たした
陳澄波の孫、陳立栢さん。

の舟の木材を用いたとみられ、表面にはタオ族の意匠が彫り込まれている。

上山の若いころの同僚だった民俗学者の柳田國男は、上山について驚くほどの知識欲と郷土愛をもった人物と評しており、その交友は生涯つづいた。のちの柳田民俗学の基礎となった「家は単独で存立しているのではなく、祖霊神の宿っている森、山などの存在する聖なる空間と有機的につながって存続している」（児玉識『上山満之進の思想と行動』参照）という思想に上山も深い共感を持っていたとすれば、台湾原住民の生活文化とは上山にとって、日本人の共同体が近代化によって失いつつあったものを残す、貴く尊重すべきものだったろう。

防府図書館内にある資料室には、上山が台湾総督時代にでかけた原住民部落への視察の際の新聞記事が数多く展示されているが、上山の視察には行政官の巡視には一般的だった高圧的な態度がなく、思いやりと親しみあふれる訪問だったと書かれている。

上山の親族である上山忠男氏も「満之進はあの絵を大切に東京の書斎に掛け、後に三哲文庫に飾らせました。在任期間は短くとも、台湾に熱い思いを持っていた。また三哲文庫の敷地内に上山満之進の碑が建てられる際には、台湾からも多くの寄付金が寄せられた。総督から退任して何年も後のことだったのに、とても有難いことでした」と語った。

とあるインターネットメディアでこの話について書いたところ、台湾人の方から「上山の退任後に起こった霧社事件で、台湾総督府は反乱を起こした原住民に対し、化学兵器を使った記録がある。もし上山の任期がもう少し長ければ、少なくともそうした非人道的な手段は使わなかっただろうと思うと残念でならない」という意見もよせられた。

「東台湾臨海道路」は10年の契約で福岡アジア美術館に貸し出され、修復されて２０１７（平成29）年の夏に一般公開されたが、「郷土の宝である絵を防府へ帰そう」という市民の声が高まり、２０１８（平成30）年５月に防府市教育委員会が主催した「上山満之進　没後80年展」にて、懐かしい地をふたたび踏んだ。

◇毛利氏庭園でお殿様きぶん

幕末に藩庁を萩より移したとき、山口市よりもっと瀬戸内海側の防府市三田尻《みたじり》まで持ってくれば、防府を中心都市として戦後の山口県はもっと栄えたのではないかとの指摘を、防府在住の歴史研究者・山本栄一郎氏から伺いなるほどと思った。確かに、広島と下関の間に位置し、県下最大の平野地帯で瀬戸内側の交通拠点でもあった防府は、長州・毛利藩が築城する第一希望に挙げられていた歴史を鑑みても、都市として発展するポテンシャルは充分にあったと思われる。

そんな毛利氏の秘かな望みを裏付けるかのように、井上馨のサポートもあり１９１６（大正５）年に建てられたのが毛利家本邸（防府市多々良1丁目15―1）である。２万５千坪の敷地をもち、今のお金で１５０億円ほどの費用がかけられたとても贅沢な邸宅だ。玄関から入ったところにある1階の大きな６メートルもある廊下は、最高級といわれた台湾産ケヤキの一枚板。部屋数は60ほどもあり、外観は純和風建築でありながらも、室内にはシャンデリアなどの電燈をはじめ、ガラス・コンクリート・電線や排水溝の地中化など当時の最新技術がちりばめられている。竣工以降、毛利家の私宅であったが、１９６６（昭

和41）年に創立された公益財団法人・防府毛利報公会に寄付されて以降、一般公開されるようになった。

併設された毛利博物館には、約2万点の文化財が収蔵されている。茶聖・千利休がみずから毛利輝元のために削った「茶杓」をはじめ、数々の茶道具のほか、戦国時代についての古文書の数は日本最大。国宝7点、重要文化財は9千点にのぼり、毛利家の家宝、画聖・雪舟の代表作である図巻「四季山水図」は、毎年11月の紅葉のころに一般公開される。

長州藩祖・毛利輝元より31代目を数える毛利家当主・毛利元敦さんに、毛利邸と庭園をご案内いただいた。大正・昭和天皇皇后の宿泊された部屋でかくれんぼをした話や、夏になれば庭園の橋上から池に飛び込んで泳いだ話を聞きながらの散歩は実に豪勢だ。毛利さんは東京高輪《たかなわ》の毛利邸うまれ。5歳の時に太平洋戦争末期となり、静岡県に疎開、戦後の小・中学校時代をここ防府の本邸で過ごした。歌舞伎の舞台のように次々と景色を変える広大な庭園のなかで驚かされるのは、灯篭や岩のひとつひとつがぎょっとするほど巨大なことだ。なんせ個人の邸宅として全国でも最大規模である。邸宅の2階にのぼって広く開け放たれた座敷からぐるりと下界を眺めてみれば、近くでみたときは異様に感じた大きな灯篭に遠近がついて広大な庭園のなかにすんなり収まり、その先にみえる街が工場地帯とその先の海につらなっている。なんだか、お殿様になったみたいな気分だ。

◇防府天満宮、七夕のゆうべ

眼下にひろがるこの防府のまち、かつては奈良時代以降に周防《すおう》の「国府」が置かれた有数の都市であった。防府出身の小説家・高樹のぶ子原作のアニメ『マイマイ新子と千年の魔法』は、昭和30年代の防府を舞台に千年前に国府に滞在していたと言われる清少納言への空想を通して、少女・新子の成長と友情を描いた素晴らしい作品だ。監督は『この世界の片隅に』を世界中で大ヒットさせた片渕須直《かたぶちすなお》氏。もし防府を訪れる予定があれば、その前にぜひともこの作品を観ることをお薦めする。

防府市が栄える中心となったのが、防府天満宮（防府市松崎町14—1）。平安時代に京都で朝廷の権力争いにて失脚した菅原道真が大宰府に流されていく途中で宿泊したのが防府と言われており、京都の北野天満宮、福岡の太宰府天満宮とならび日本の三天神と呼ばれる。

職員みなで台湾旅行をしてきたばかりという防府天満宮宮司の鈴木宏明さんによると、第11代台湾総督だった上山満之進と防府天満宮も縁がふかく、もともと山形県にあった上山家が戦で負けて落ち延びてきた際に、防府天満宮でかくまったことから上山家は防府に居をさだめることになったという。

防府天満宮のお神楽《かぐら》で横笛（龍笛）を務める一木孝文さんは、台湾台南市で日本軍人だった杉浦茂峰《しげみね》氏を祀った「飛虎将軍廟《ひこしょうぐんびょう》」にて、戦後はじめて日本の神道式のお祭りが行われた際に神楽笛の担当者として参加したそうだ。

今回、防府天満宮を訪れたときはちょうど七夕まつりの最中だった。笹の葉が立ち並び、五色の鮮やかな色を見せる装飾が夕刻の風にきらきらと揺れ、昔ビデオのなかで観たキャンディーズの解散式みたいに、夏の夕方だけ咲く花のような儚い美しさが漂っていた。

種田山頭火《たねださんとうか》の水

◇あとかたもないほうたる

雨ふる故郷は　はだしであるく　（山頭火）

防府天満宮はかつて松崎神社といい、その地域は松崎とよばれた。１８８２（明治15）年に松崎の大地主の家にうまれたのが、自由律の俳人・種田山頭火である。

山頭火が11歳のときに、父親の放蕩を苦に母親が家の井戸に身を投げて自殺。山頭火の息子・健氏が「孤独地獄」と表現した、山頭火のくるしい人生の旅のはじまりであった。山口中学校を卒業後、早稲田大学文学部にはいるが、酒と文学に溺れて神経衰弱となり中退、帰郷。父親は酒造業に手を出すが失敗し種田家は破産、父親は行方不明となる。

友人をたよって妻子を連れ熊本に移り住んだ山頭火だが、妻子を残して出家したのち、全国を放浪しながら8万4千句もの俳句を詠んだ。故郷に関するものは300句以上あるが、当時、乞食坊主の酒飲みであった山頭火のことを、防府の人はだれ一人としてよく思っていなかったという。懐かしい故郷の土は、まるで裸足でぬかるみを歩くような冷たさを持った場所でもあった。耐えきれずに離れて各地をさまよい、恋しさから再びふるさとの土をふむことを繰り返した山頭火の人生。晩年は、庵を結んだ愛媛県松山市で亡くなった。

うまれたいえは　あとかたもないほうたる　(山頭火)

防府駅から1キロほどの山頭火が生まれた家のあたりには、現在は民家が立ち並んでいるが、母親フサが身を投げた井戸の石縁だけが、民家の裏手あたりに残っているという。

へうへうとして　水を味ふ　(山頭火)

山頭火といえば酒のイメージが強いが、58歳で亡くなるまでに残した句の多くは、酒以上に「水」に関するものが多い。ある人が、日本全国に残る山頭火の句と名水の関係を調べたところ、水の句が残る場所はすべてミネラル分の少ない軟水で、ふるさと防府の水質によく似ているそうだ。生まれ育った家の地下水、それをくみ上げた井戸で死んだ母親、種田家を破産にまで追い込んだ酒。山頭火が愛したものは、同時にすべてを山頭火から取り上げたものでもあった。

山頭火が亡くなったあと、山頭火の亡骸は防府の護国寺（防府市本橋町2―11）へと移された。いまは墓碑が建てられ、焦がれつづけた母親フサのとなりで眠っている。

◇夜、昭和な夜

２０１７（平成29）年には「山頭火ふるさと館」（防府市宮市町5―13）もオープンした防府市内には、70基以上の山頭火の歌碑があるそうだが、中でも珍しいのは、山頭火の歌碑が玄関口にある１９５１（昭和26）年創業の名店「純喫茶　エトワル」（防府市天神1丁目3―6）だ。２階には東郷青児《とうごうせいじ》の絵が飾られ、外観から内装まで濃密な昭和の香りが充満している。殊にパフェの姿かたちがよく、クリームも美味しいので、いくとついつい注文せずにおられない。

あさせみ　すみ通るコーヒーをひとり

エトワルの近くには昭和レトロを感じさせる飲み屋街が広がっているが、隠れた名所ともいえるのが、飲み屋の多く入ったビルの一角にある昭和歌謡バー「いちご白書をもう一度」（防府市天神1丁目4―25ニューテンジンビル5F）。１９６０～１９８０年代の歌謡曲を中心としたレコードのコレクションは約３千枚にのぼり、聴きたいレコードを選んで人柄のいいマスターにリクエストすることもできる。当時のポス

防府を代表する名喫茶
「エトワル」

ターや写真が所せましと貼られた店内でタイムトラベルするうちに、ディープな防府の夜は更ける。拙著『台湾、Y字路さがし。』の翻訳者でもある、台湾美術史研究者の邱函妮《チウハンニ》さんがシンポジウム参加のために防府に来られた際、こちらのお店で一緒に呑んだ。昭和の雰囲気にどっぷり浸りながら、1980〜1990年代の台湾ではアイドルの写真を印刷されたスクーター後部下の泥はね除けシート（擋泥板《ダンニーバン》）をつけて走るのが大流行し、日本の酒井法子や工藤静香も「擋泥板の女神」と呼ばれ一世を風靡した話や、テレサ・テンのスパイ疑惑など、このお店でしか湧かない「いい湯加減」な話で盛り上がった。じつに楽しい夜だった。

Chapter 8

周《しゅう》南《なん》

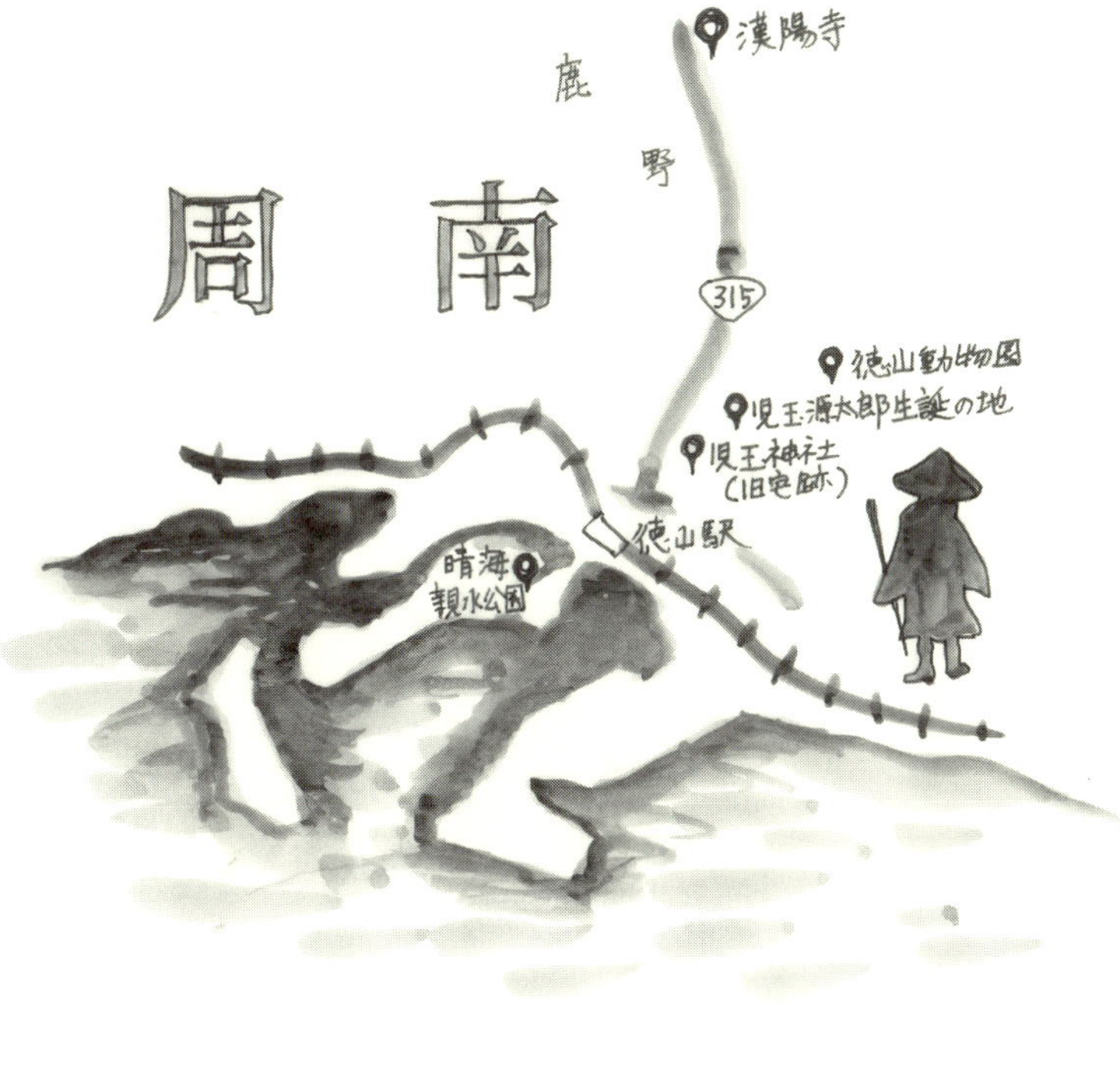

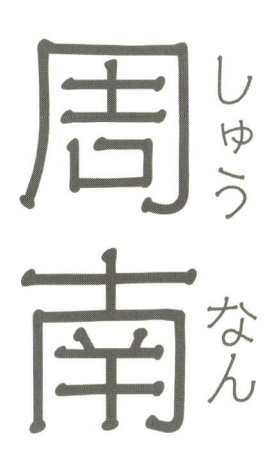

児玉源太郎生誕の地

◇まどみちおの象さん◇児玉源太郎と台湾五葉松◇漢陽寺のお茶◇コンビナート夜景オペラ

わたしが中高生のころは、周南市街は「徳山《とくやま》」とよばれていた。その後、徳山と周辺地域が合併して周南市となったが、今でも徳山のほうが山口県のひとには通りがいい。徳山は、そのころ住んでいた山口市よりも都会という印象があって、当時のボーイフレンドと徳山まで出かけ、スケートリンクや動物園でデートした。

童謡『ぞうさん』を作詞した詩人のまど・みちお（１９０９―２０１４）は、ここ周南市の生まれで、現在も徳山動物園にはまど氏の詠んだ詩碑がある。親の仕事の関係で９歳ごろ台湾に渡り、台北工業学校（現在の国立台北科技大学）在学中に詩作をはじめ、卒業後は台湾総督府で働いた。終戦し、日本で出版社に勤めたのち、詩・童謡・絵画の創作に専念。１９９２（平成４）年に美智子皇后の選・訳で『どうぶつたち』がアメリカで出版され、１９９４（平成６）年には児童文学のノーベル賞ともいわれる「国際アンデルセン賞」を日本人として初めて受賞、２０１４（平成26）年に１０４歳で亡くなるまで、活発な活動をつづけた。台湾でも『ぞうさん』は華語（中国語）に訳されて馴染みの深い童謡だが、まど氏が台湾で大きくなった当時、台北動物園にも象が居たことから、まど氏が詠んだ「ぞうさん」は台北の象だったかもしれないと、台湾の方が書いた記事を最近読んだ。

第４代台湾総督の児玉源太郎（１８５２―１９０６）は、長州藩の支藩・徳山藩の中級武士の家の出である。幼いころに父親を亡くし姉婿に育てられたが、その義兄も源太郎13歳のころに徳山藩の内乱で殺され屋敷を没収されるなど苦労の多い少年時代を過ごした。台湾に赴任後は、抗日勢力を徹底的に武力で制圧する一方、満州鉄道総裁として優れた働きをみせた後藤新平を右腕として、それまであった台湾社会の制度や習慣に基づいた経済改革とインフラ整備を行い、台湾人の生活に暗い影を落としていたアヘン吸引の習慣

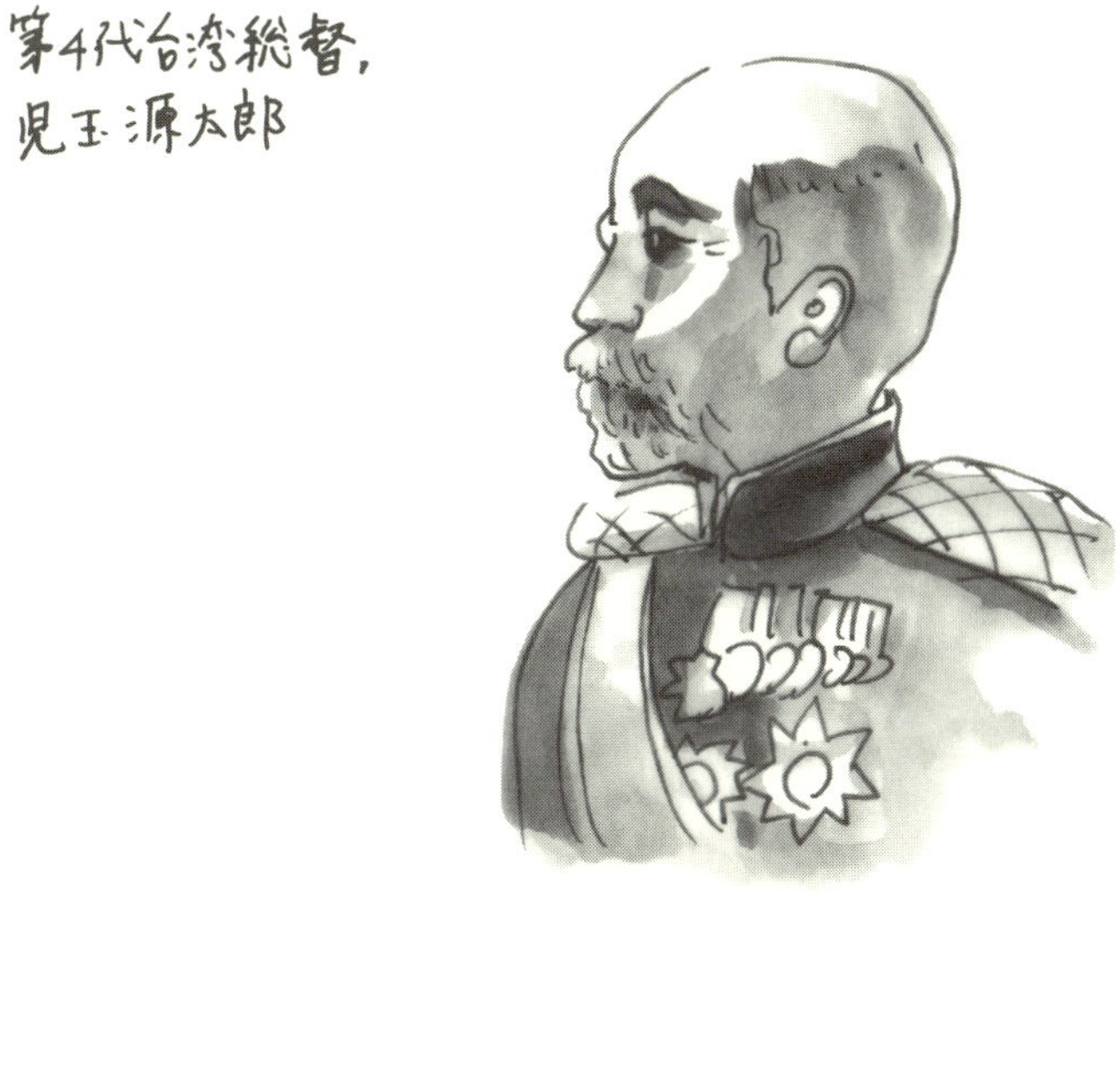

を改善した。1代前の台湾総督・乃木希典までは頻発する抵抗運動や風土病などの問題により、一時はフランスへの売却論さえでた台湾経営がようやく軌道に乗り始めたのが、児玉が後藤新平とともに政治をおこなったときのことだった。後藤はのちに、関東大震災での東京の街の壊滅ぶりを見て大胆な復興計画を構想し、広い道路とゆったりとした公園の点在する現在の東京の骨格をつくった。未来を見通す慧眼《けいがん》の持ち主だったことがわかる。

児玉のほうは台湾総督と兼任して各内閣より重用され大臣を歴任、日露戦争に満州軍総参謀長として参加する。旅順《りょじゅん》攻略に功績を残した名将のイメージは、司馬遼太郎の小説『坂の上の雲』で定着した。台湾総督を退任し、その年のうちに自宅で脳溢血《いっけつ》により急死。享年55歳だが、こう書いてみると今でいう過労死とも思える活躍ぶり。明治政府、なかなかブラックである。後藤と児玉、ふたりの銅像は今も国立台湾博物館（元・児玉総督後藤民政長官記念館）で見ることができる。また博物館エントランスを頭上たかく見上げると、児玉の家紋「軍配団扇《うちわ》と笹」と後藤の家紋「藤」とが組み合わされたデザインのステンドグラスが美しくきらめいている。

児玉の故郷の周南市では生家跡が公園となり、児玉が誕生の際使われた井戸が今なお残る。1923（大正12）年に家の屋敷跡に建てられた児玉神社（周南市児玉町1―4）には、李登輝元台湾総統による言葉が刻まれた碑や、後藤新平が児玉へ宛てた小さな碑、国立台湾博物館にある児玉源太郎の像を元に、台湾人の彫刻家によって作られた2011（平成23）年作の銅像があり、児玉神社のお守りに至っては中華民国の国花「梅」のモチーフがあしらわれるなど、まるで台湾祭りみたいである。神社の敷地と道路を隔てるのは、1926（大正15）年、児玉源太郎13回忌の際に台湾より持ち込まれた台湾五葉松。太平洋戦争末

児玉神社には、李登輝元台湾総統
の言葉が刻まれた記念碑や台湾五葉松の
大木が見られる。

期の空襲のなか奇跡的にのこり、1962(昭和37)年の都市計画でも持ちこたえ、90歳を越える大きな並木となって、児玉神社を見守っている。

暑さきはまり蟬澄みわたる一人　(山頭火)

周南市街から日本海側に向かって車をしばらく走らせていると、石州瓦の赤い屋根がゆるやかに増えてくる。向かうは周南市鹿野《かの》にある漢陽寺《かんようじ》(周南市鹿野上2872)。1374年に開山した由緒あるお寺である。車をおりると時雨れるように蟬の声がふってきて、蛇口をゆるめたように汗がふきだす。お寺の中にご案内いただき座って一息ついたところで、現住職夫人の杉村妙子さんが出してくださった冷茶が水琴窟《すいきんくつ》みたいに共鳴しながら喉をおちていくにつれ、すーっと汗が引いてゆく。焙じた茶葉の芳ばしさと、西瓜のような涼やかさがほのかに香る不思議なお茶で、このあたりの名産「鹿野茶」というそうだ。

鹿野茶は、開祖である用堂明機禅師が唐で修行した際、龍井茶《ロンジン》で名高い杭州から持ち帰った茶種がもとになっている。摘んだその日のうちに茶葉を釜で煎るという製法も龍井茶と同じで、鹿野にお茶作りが伝えられた当時から変わっていないという。

伝統を重んじつつコンテンポラリーを感じる日本式庭園がぐるりと囲む荘厳な本堂は、樹齢2千年を超える台湾ヒノキで造られているそうだ。前住職の庭造り好きが高じ、8年かけて1973(昭和48)年に完成した庭を作ったのは重森三玲《しげもりみれい》、昭和を代表する日本庭園の作庭家であり、研究者である。

6つの庭園にはそれぞれ、平安・鎌倉・桃山など異なる時代の庭園様式が盛り込まれ、重森美学をたっ

作庭家・重森三玲
による、漢陽寺の庭。
これは中庭の
「地蔵遊化の庭」。

ぷり贅沢に堪能できるが、どこか親しみを覚えるのは使われている石のせいかしらん？　山口県は、真ん中の防府辺りから東はゴツゴツと尖った岩肌の山が多くなる。庭を彩る石たちは、そんな山口東部の山を彷彿とさせる。それもそのはず「庭の石にはその土地のものを使うべし」というのが重森三玲のポリシーだったそうで、県内のどこそこにイイ石がある、台風で道路を塞いだイイ巨石がある、と聞いては前住職と連れだって駆け付けたというのだから相当な石マニアだ。中庭には7つの石が追いかけっこをするように丸く置かれた石庭があり、「地蔵遊化《じぞうゆげ》の庭」と名がついている。地蔵遊化とは、お地蔵様が子どもたちと無心に遊ぶさまのことで、それで思い出したのは良寛和尚だ。子どもたちと隠れんぼしたり鞠《まり》をついて遊ぶことを何より大事にした良寛和尚は、子どもが揚げる凧に「天上大風」と書いた。どこまでも高く揚がるようにと願いを込めて。

そこからまた連想したのが、台湾東部の台東市・鹿野《ルーイエ》で上がる熱気球。偶然にも山口県のほうの鹿野と同じ名前なうえ、どちらもお茶の産地である。その台東の地を舞台にしたドキュメンタリー映画が２０１７（平成29）年に日本全国で公開された。周南市出身の酒井充子監督による『台湾萬歳』という作品で、台湾の日本語世代の方たちの半生を追った『台湾人生』（２００９）『台湾アイデンティティー』（２０１３）に続く台湾三部作最後の作品だ。私も先日、舞台となった台東の成功鎮《ツエンゴンツエン》を訪問し『台湾萬歳』プロデューサーの陳韋辰《チエンウエイチエン》さんに街をご案内いただいた。旧石器時代から積み重なる歴史や文化、美しい自然、そして日本との知られざるかかわりなど深い思索を与えてくれる場所で、酒井監督が自分の映画の舞台はここ！　と決めたときの気持ちがよくわかる気がした。

鹿野から、周南市街に戻って来た頃にはもう日が暮れていた。1918（大正7）年に日本曹達工業（現・トクヤマ）が設立され、戦後1950年代よりは特に重化学工業企業が多く拠点をおくコンビナートの街として栄えてきた周南市には、近ごろ観光名所として注目される「工場夜景」の顔もある。ちなみに、1事業所当たりの製造品出荷額で全国1位、従業員1人当たり付加価値額が全国1位はともに、ここ周南コンビナートだ。周南市内にいくつかある工場夜景スポットの中から、明治期の灯台が残る晴海親水公園（周南市晴海町）へと向かった。

1960年代より日本全国の工業地帯が抱えた大気汚染や水質汚染などの深刻な公害問題。それは周南においても例外ではなかった。その後、政府より厳しく環境対策が課せられ、それぞれ企業が努力することで、瀬戸内海工業地域は空気・水質ともに劇的に改善された。知識としては知っていたが、この工場夜景を見てあらためて唸った。夏の夜にも関わらず、きらめく大小の工場夜景のうえに沢山の星が瞬いていたからだ。自然と人工は相いれない、そんな偏見を打ち砕いてくれる夜景である。

太平洋戦争の激烈な空襲のなかで焼け残った石づくりの灯台越しに船が、ゆっくり通り過ぎる。灯台のうえには北斗七星、さらに仰げば間もなく満ちる月が輝いている。伝説によると飛鳥時代600年頃、朝鮮百済王家の末裔である大内氏の始祖が山口へくる際に、周南の東「下松」にある松の木に大星が下り、7日のあいだ照り輝いて王子の到着をしらせた。これと一緒に日本に渡ったのが、北斗七星を祀る妙見《みょうけん》信仰と言われている。

コンビナートの夜景、船、灯台、月、北斗七星。

科学技術は、飛鳥の時代・室町期・明治期をへて、昭和期には人を月へとおくり、今はもっと遠い星々まで人類を踏み入れさせようとしている。そんな壮大な物語が脳内をかけめぐる。
まるでスペースオペラを観ているような、周南の工場夜景である。

Chapter 9

下《くだ》松《まつ》

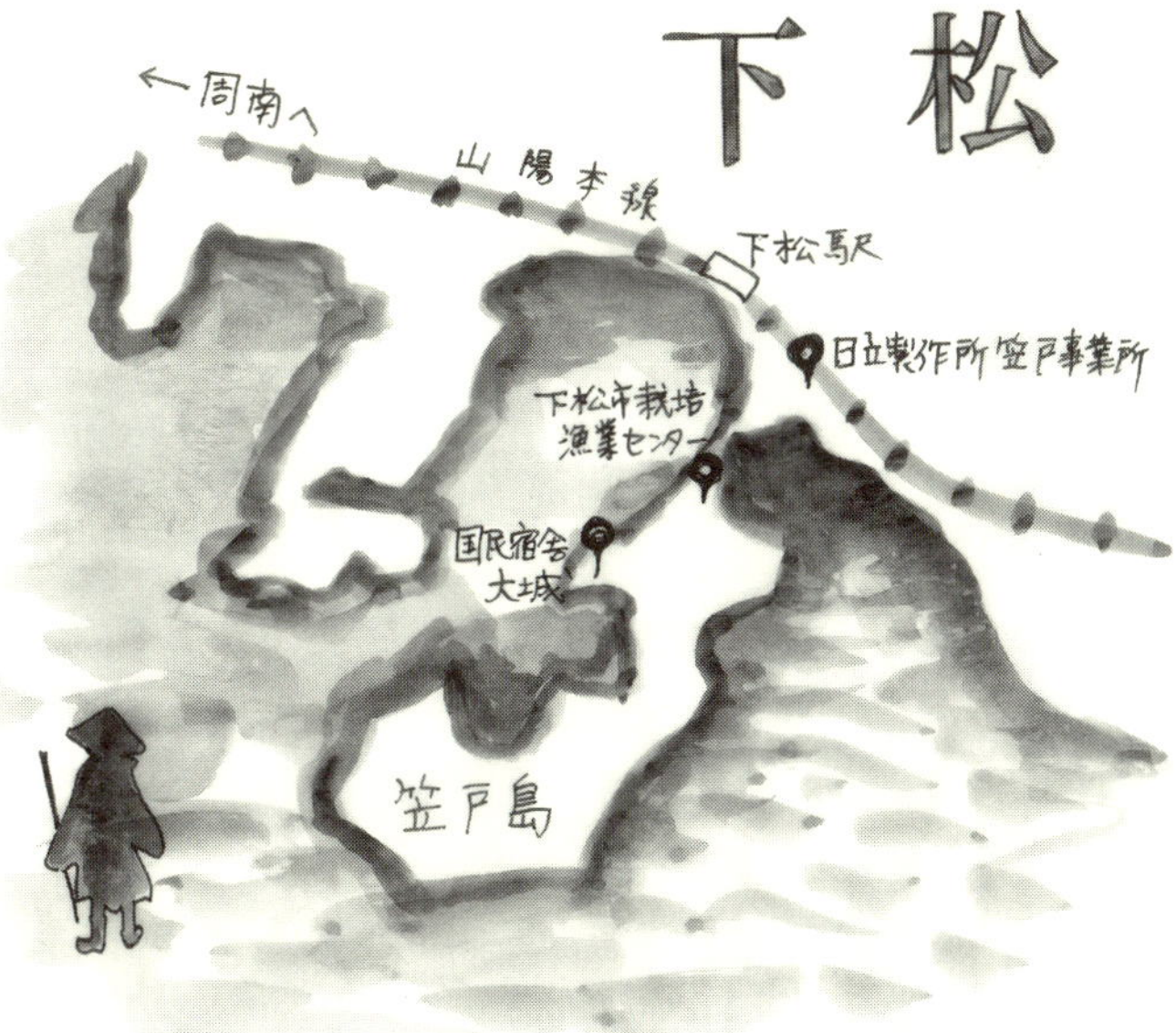

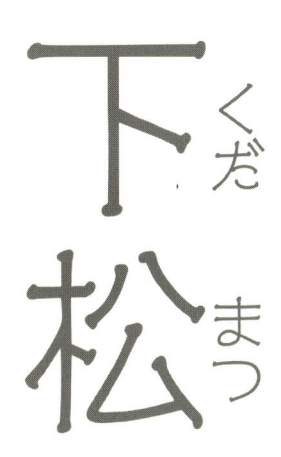

きみは台湾新幹線を見たか

◇日立製作所笠戸《かさど》事業所◇動物職員海上部

周南市と共に、国際的な重要港湾である下松市。じつは、いま台湾で走っている台湾新幹線の日立製車両や、台湾東部を走る特急列車「タロコ号」の故郷である。

1915（大正4）年に萩出身の実業家・久原房之介《くはらふさのすけ》が兄・田原市郎と共に日本汽船を立ち上げ造船所を下松に創立したのが、のちに日立製作所笠戸事業所（下松市大字東豊井794）となる。創立以来、台湾総督府鉄道も走った蒸気機関車（E500／E800／D51）から最新鋭の新幹線まで、日立製の鉄道車両はすべてここで生まれた。

台湾新幹線の車両は、日立製作所と川崎重工、日本車輌の3社で分担して作られている。ヨーロッパのコンサルタントの意向で当初はフランス・ドイツでの製造が予定されていたが、最終的に日本が勝ち取った。日立製作所笠戸事業所をたずねて、台湾新幹線の製造輸出に関わった笠戸調達部の坂田聡さんと、車両品質保証部の藤井隆太さんお二方に、製造秘話を伺うことができた。

2002（平成14）年に設計準備がはじまった笠戸事業所では、設計チームに5人、1編成につき10人の検査員が検査にあたった。台湾新幹線として輸出されたのは、くちばしの長いカモノハシのような顔が特徴的な「700T系」車両。700系の日本での走行速度は285キロだが、台湾新幹線では300キロ出すことが求められていた。それに対応するため川崎重工で作られた、本来の700系の鼻部分をなめらかに流線形に改良した仕様が、いま台湾を走っている台湾新幹線だ。

まず心配されたのは台湾南部の熱帯気候だったが、気象データを取り寄せて検証したところ、寒暖差・湿度差においては東西南北に細長くのびる日本の方が環境は苛酷だったという。ただルートが海に近いことから線路の塩害も心配されたし、線路に異常がないか定期的に運転する検査車両のドクターイエローがないため、検査センサーを取り付けた車両を編成に混ぜることで、通常運転中にも検査が行き届くよう工夫を凝らした。

完成した新幹線は、台湾に到着するまですべて海上輸送となる。最初の台湾新幹線が運ばれたのは2004（平成16）年5月末。神戸港まで運ばれ、大きな船に積み込まれてから台湾にむかい、高雄港に荷揚げされた。到着したのは夜中で、梅雨の雨に打たれながらの搬入だっ

日立製作所笠戸事業所では、
台湾新幹線の車両のほか、
台湾東部を走る「タロコ号」
も作られている。

た。とはいえ、ようやく搬入しても建設中の基地が間に合っておらず、空調のない暑い作業所でのきつい作業だった。時はちょうどSARS（重症急性呼吸器症候群）が猛威をふるい、ほかの日本企業が次々と台湾から撤退していった頃のことだ。

試運転が始まってからも、思いがけないことがあった。台湾は沼や川が多いので、水鳥が多く住んでいる。それまで300キロの速さで走る電車が無かった台湾では、慣れない鳥たちが逃げ切れずにぶつかり、そのたびに車体を修理することになった。鳥には高度な学習能力があるから、今ではすっかり新幹線に馴染んだようだが、のんびりした台湾の鳥たち、最初はどんなにかびっくりしただろう？

日立製作所笠戸事業所の対岸は笠戸島、その間に笠戸大橋が架かっている。海と空に浮かぶ赤い色のコントラストが印象的な橋で、赤い毛糸でつくった「あやとり」みたいだ。それを渡ってすぐのところに、海で働く猫たちがいると聞いて会いに行った。

動物職員海上部のチーとドラミは母娘猫。ヒラメ養殖をしていた漁師さんが、いつもボートに乗せて海上の生け簀《いす》に連れて行っているうちに、そちらに住み着くようになった猫たちの子孫で、1983（昭和58）年に開所した下松市栽培漁業センター（下松市笠戸島456—3）に、猫たちの世話が引き継がれた。この漁業センターでは、ヒラメ養殖のほかトラフグの試験養殖や養殖技術の開発をしてきたが、この養殖トラフグの生け簀に暮らしながら、フグの稚魚を鳥たちから守ってきたのが彼女たち「動物職員海上部」だ。食事も単なるペットの餌としてではなく、給与としての報酬というのだから、自分の食い扶持《ぶち》を稼いでいるれっきとした働く猫たちである。だからだろうか、生け簀のうえで暮らしていた頃に撮られた写真の2匹の姿は、なんとも気高い凛々しさに満ちている。

はじめは朝日新聞に記事が載り、それ以降少しずつ雑誌などで取り上げられるようになったが、知名度が一気に広がったのが、2013（平成25）年に動物写真家の岩合《いわごう》光昭《みつあき》氏がナビゲーターをつとめるNHKの人気番組『世界ネコ歩き』へ登場してからだった。特に母親のチーは「今まで見てきた猫の顔の中でもいちばん猫らしくて大好き」と岩合さんに大絶賛され、波の揺れに臆することなく生け簀から生け簀へと飛び回る2匹を、岩合さんは3日間も通い詰めて撮影したという。

以前は海の上の職場にいるので会うのが難しかった2匹だが、今はチー20歳、ドラミは18歳を越える老齢になって退職、センターの脇に部屋をもらって余生を送っているので、テレビや報道を観て訪れたファンも実際に2匹に会うことができる。チーやドラミがかつて居た、海に浮かぶ生け簀のほうを眺めると、その向こうに日立製作所笠戸事業所が見みえる。大きなクレーンが立っていて、そこで釣り上げられた新幹線が船に乗せられ運ばれていくのは、ここでは日常的な風景だ。

「台湾新幹線？　みたみた！　オレンジ色のラインが入っとる車両でしょう」と所長の久山裕司さん。向こう岸で、クレーンでボートに降ろされた台湾新幹線が、最寄りの徳山下松港にむかってゆっくりと水面を滑っていくところを想像する。海上職員のチーとドラミもきっと見ていたに違いない。このとき以来、台湾について何か書くときに、よくチーとドラミのことを思い出す。書きたいことの対岸からそれを眺めている猫の視線を、じぶんの中にいつも備えていたいと感じる。

足元の海を見ると、意外にも透き通って深いところまでよく見える。そのことを久山さんに云うと、「昔

在りし日の動物職員海上部、チー。
対岸には、日立製作所笠戸事業所
が見える。

はコンビナートから出る排水ですごく汚れた海だったのが、さいきんは企業の環境対策が進み排水や排煙の問題がなくなった。すると逆に瀬戸内海がきれいになりすぎてプランクトンが減り、魚の漁獲量が減った。それが今の瀬戸内漁業の課題となってるんですねえ」と教えてくれた。昨晩みたばかりの、コンビナート夜景の上に瞬く星空を思い出した。工場地帯の空気がきれいになったように、海もきれいになったのだ。でもそれで漁師さんが困っているとは、何たる皮肉。良かれと思ってやったことが異なる結果を招くのは世のならいで、しかも本当に思いがけない形でおこるものだ。

動物職員海上部のことが報道されたときには、全国の猫好きな方々から「虐待なのでは？」との電話が沢山かかってきたそうで、予想だにしなかった厳しい言葉に「これは虐待なのか？　とずいぶん悩みました」と、動物たちのお世話をしているセンター職員の荒川典子さんが話してくれた。しかし、掛かりつけの動物病院の先生に言われた「もし猫たちが虐待と感じてたら、ストレスで20年も生きられないよ」という言葉が、それからの荒川さんたちの支えになった。動物職員は今のところセンターに5匹いるが（元海上部2匹／陸上部2匹／営業部1匹）、暖かい人間の同僚たちに愛されて穏やかな日々を過ごし、幸せそうにみえた。たびたび全国から、動物職員たちに会いにお客さんが来てくれるのを、センターの皆さん一同、楽しみにされているという。

笠戸島の動物職員に会いに行ったら、その夜は２０１６（平成28）年にオープンした「国民宿舎大城」（下松市笠戸島14―1）に泊まってほしい。

ロビーには、ソファーのかわりに新幹線グリーン車の座席が海を臨むように置かれているし、お造りに

「大城」から見る、瀬戸内の島々が浮かぶ風景。

出てくる下松名産の笠戸ひらめは、海上部職員のチーやドラミが働いていた生け簀で養殖されたものだしと、まるでこの日笠戸で過ごした1日の総仕上げのような宿である。食堂はL字型に海に向かって窓が開けたオーシャンビュー。瀬戸内の島々に紫色のカーテンが下りてゆく夕暮れの景色もご馳走だ。

日がすっかり落ちて、瀬戸内海に映える十六夜《いざよい》の月、なんていう万葉集みたいな景色を眺めながら露天風呂にゆっくりとつかった。月のとなりを飛行機がゆっくり、通り過ぎていった。

Chapter 10

柳《やな》井《い》

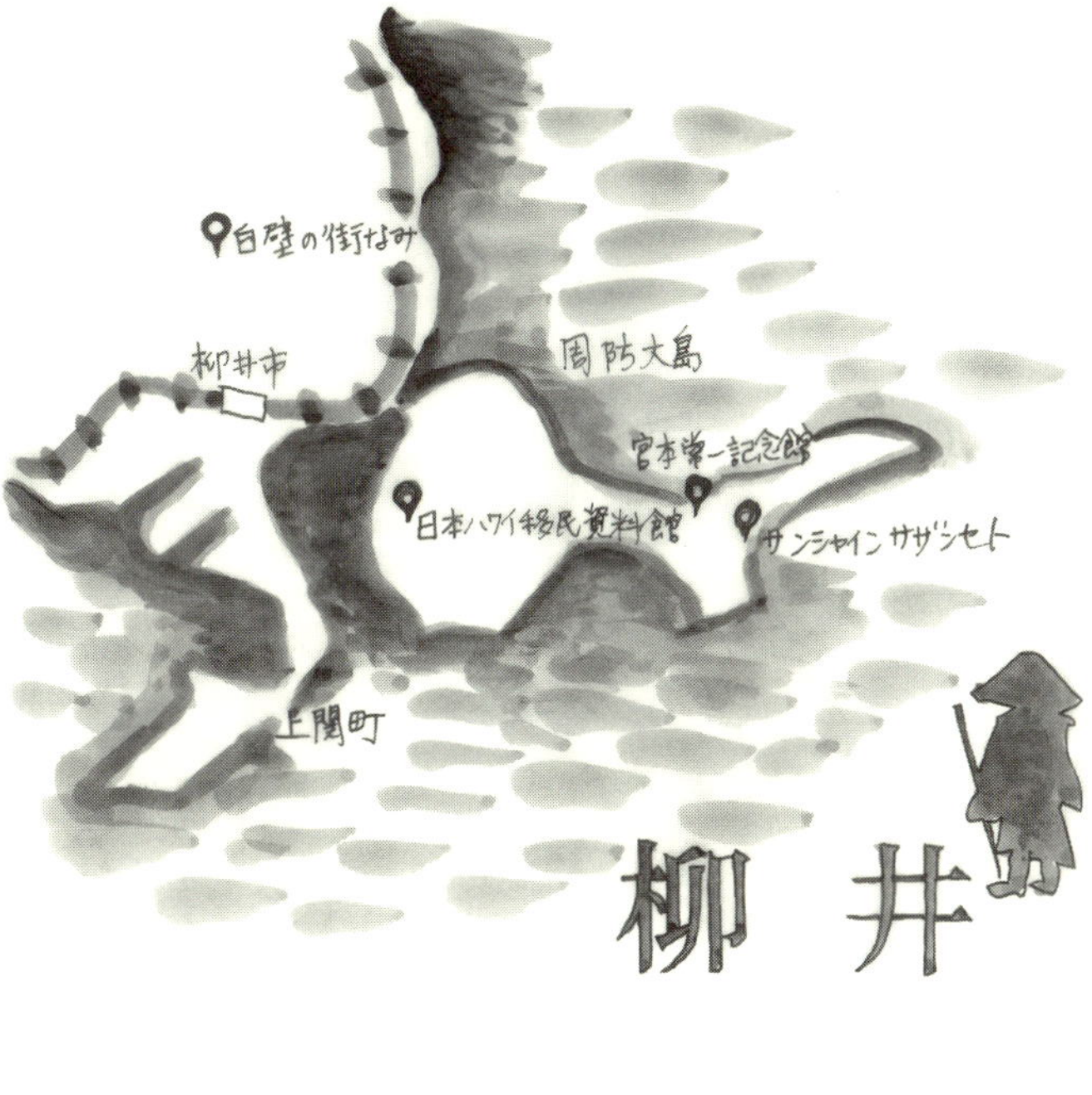

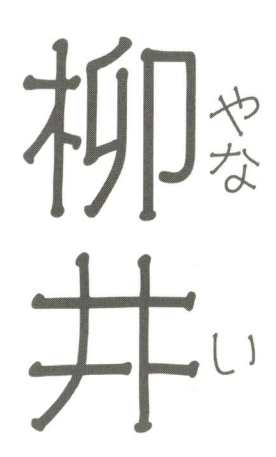

織られる、つながれる物語

◇柳井縞《やないじま》◇周防大島《すおうおおしま》とハワイ

このあたりまでくると、海がいつも凪いでいる。さらに東へ行くと、お隣の広島県や岡山県へとつながっていく。海をはさんで向かいは四国だ。ここ柳井の港からは、四国の愛媛県松山市方面へとフェリーが出ている。向こう側に九州を感じる下関などの西部とは、また違った趣きがある。山陽・山陰・西部・東部、まるで縦糸と横糸で折りあげる織物のように、さまざまな表情をみせる山口県。

柳井に「柳井縞」という伝統の織物がある。江戸時代には通りに織機の音が途絶えなかったというほど盛んで、全国的に名を馳せたブランド織物だったが、大正のころに衰退し消失した。現代になって、かつて使われていた機《はた》が見つかり市に寄贈される。そこから柳井縞復活への試みがはじまった。中心となったのは、「柳井縞の会」の石田忠男会長。かつては柳井織物という織物工場に勤め、その後に大工となった職人気質の方である。

「四国や広島に足を運んで柳井縞の手がかりを探し、当時に近い形の糸の染め方や織り方を学びました」

そうして出来た石田さんの「柳井縞の会」主催による体験工房（柳井市柳井3700—8／柳井西蔵内）では、300円でコースターを一つ織ることができる。縦糸に、右から左へと順繰りに横糸を通し、織りあげて

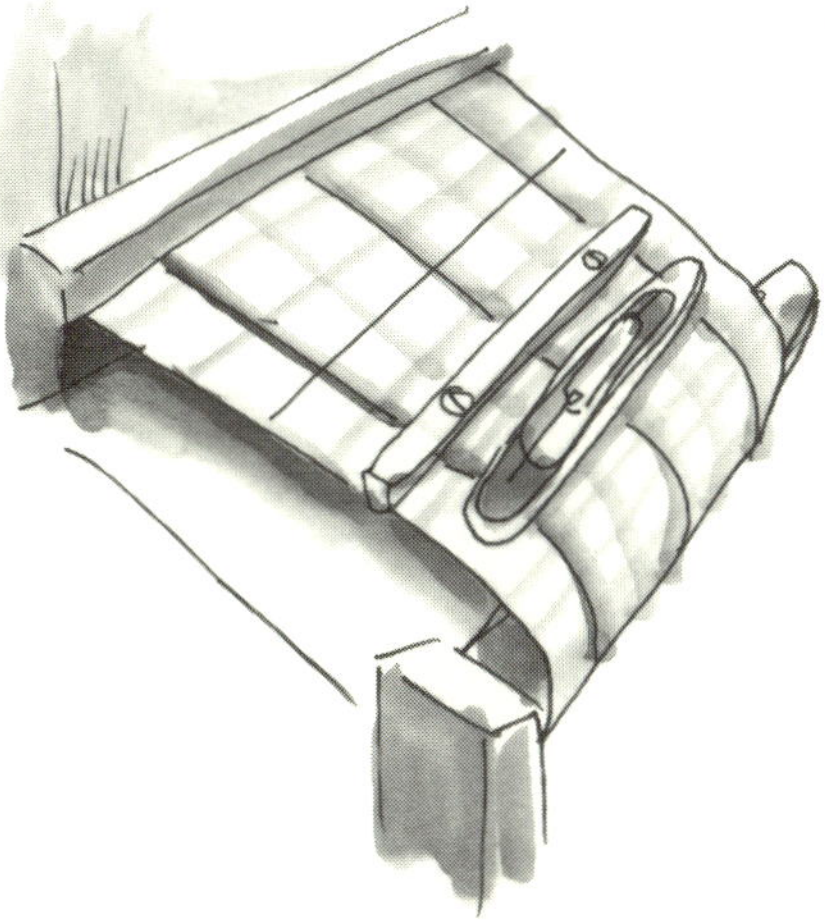

伝統の柳井縞を織る「織機《はた》」。

いく。1枚の布を織るためにはおおくの糸が必要とされる。その糸を染めるひと、更には、その糸の綿花を育てるひと。無数のひとの手をへて作られた縦横の糸の色は共鳴しあい、デザインに合わせて複雑な色へと織り上がっていく。

かたりんことりんと軽快な音のひびきを快く鼓膜へ受けるうち、織ることのほかは頭から消えてゆく。20分間ほどの、無心な時間。出来上がった布は素朴で丈夫、しかも多様な文様をみせる。そう思えば織物とは、無数の個人の物語が組み合わさって出来た土地の来し方と、なんと似ていることだろうか。

工房の外にでると、柳井の夏の風物詩・金魚ちょうちんが、白壁のつらなるまちを彩っている。約400年ほど前に大内氏の軍港だった柳井は、江戸時代には下関と尾道のあいだに位置する商都として発展した。特産品は、木綿・醤油・油。老舗の醤油蔵「佐川醤油店」（柳井市柳

柳井の街を彩る
ひょうきんな表情の金魚ちょうちん

井3708―1）の名物・甘露醤油は、2年モノをさらに2年仕込んだ贅沢なお醤油だが、この再仕込みの方法も柳井発祥という。商家が多く生活が豊かだったことに加え、領主の岩国・吉川氏が食いしん坊だった影響もあるそうだ。商いは、むかしの行灯《あんどん》につかわれた「なたね油」を扱う店がもっとも多く、そのため街の防火には特に気を使い、火事の延焼を防ぐための工夫があちらこちらに見られる。水深が5メートルほどしかない遠浅の港にはタンカーが入れず軍港として利用されなかったお陰で空襲もまぬがれ、昔ながらの町並みがそのまま温存された。柳井の向こう岸、愛媛・松山で亡くなった漂泊の詩人・山頭火は、柳井にも泊まって句を詠んでいる。懇意にしていた書店経営者・藤田文友の家に1泊し、お弁当とタオルを受け取って旅立つときの句である。

また旅人になる　あたらしいタオル一枚　（山頭火）

柳井から橋をわたると、「瀬戸内のハワイ」と呼ばれる周防大島に着く。きらめく太陽と美しい海岸線に囲まれたこの島ではフラダンスが盛んで、リゾートホテル「サンシャインサザンセト」（大島郡周防大島町平野片添ヶ浜）では、毎年夏に本格的なフラの大会が行われ、週末は予約でいっぱいという。砂浜には椰子《やし》の樹が葉を揺らし、クルーズやダイビングを楽しめば、スナメリはじめ世界最大のアワサンゴ群落など多様な海洋生態に出会える。でもだから「ハワイ」って、ちょっと大げさじゃない？　と、わたしも最初は思っていた。でも、周防大島がハワイの別名を持つのはもう一つ大きな理由がある。周防大島は、明治期に数おおくのハワイ移民を送りだした島だからだ。

日本の田舎屋とハワイのチキ像という
不思議な組み合わせ。
日本ハワイ移民資料館

明治初期にハワイのさとうきびのプランテーション人員の派遣が日本政府へと依頼された。第1回目の日本からの移民は944名だったが、その中の3分の1が周防大島の住人という。理由は、時の外相だった井上馨の地元が山口県で、ちょうど災害が相次ぎ飢饉に陥っていた周防大島からの移民を優先したためだ。その後も次々と周防大島からハワイへと渡り、その数は4千名近くにのぼる。特に周防大島からの移民が多いカウアイ島とは、1956(昭和31)年に姉妹島として提携した。

当時の移民の経緯や生活について、詳しい資料や写真が展示されているハワイ移民資料館(大島郡周防大島町西屋代2144)を訪れた。牧歌的な農村風景を見おろす純和風の建物の横に、ハワイの神像・チキ像が腰を据える、一見魔訶不思議な場所である。建物は、米カリフォルニアに移民して成功し、島に戻ってきた福元長右衛門氏の遺族から寄贈されたもので、室内は福元氏が台湾まで足を運んで探した黒柿の木が使われるなど、贅沢な造りの古民家である。

中からもの哀しい、でもどこか懐かしいような唄がきこえてくる。「ホレホレ節」といって、ハワイへ移民した人たちが労働のときに唄った民謡、つまりアフリカ系アメリカンのブルースに相当するものだ。「ホレホレ」はサトウキビの枯れ草をつむ作業を意味し、メロディラインはハワイ移民の多数を占めた広島・山口の船頭歌が元になったと言われる。番号で呼ばれ、苛酷な労働条件のもとサトウキビのプランテーションで働いていた人々の生活について、色々の資料がここには残る。ペルーへ初めて移民していった男性が身に着けていた羽織袴も飾られていた。日本からみれば地球の反対側にある遠い地に正装をして降り立った人の心境を想像したとき、目にぶわっと熱いものがこみあげた。ペルー移民の環境はもっとも劣悪で、多くの人が病気や過労で亡くなったという。現在、日本は少なくない数の外国の方を働き手として迎え入れているが、かつては逆の立場にあったことを意識される機会は余りない。

周防大島出身で、日本を代表する民俗学者のひとりに宮本常一という人がいる。半世紀を歩くことに費やし、日本の3千以上の村をたずねあるいて、台湾の原住民部落についても書き記している宮本常一のこんな言葉を、本書の取材中にずっと、処方箋のように服用しつづけた。

「ふるさとは私に物の見方、考え方、そして行動の仕方を教えてくれた」

「郷里から広い世界を見る。動く世界を見る。いろいろの問題を考える。私のように生まれ育って来た者にとっては、それ以外に自分に納得のいく物の見方はできないのである。足が地についていないと物の見方考え方に定まるところがない」

台北の山口県人会で会った三井治さんは、台北に駐在中の商社マンで、周防大島の出身だ。三井さんは曽祖父がハワイへの移民者で、オアフ島には今も多くの親戚が暮らすという。移民当初はさとうきび畑で働いていた曽祖父だが、苦学して薬剤師の免許を取り起業、事業は成功し広島に支店を出すまでになった。その間、柳井出身の日本人女性と結婚、ハワイで男3人女4人の子どもに恵まれる。三井さんの祖母・初枝さんは、その中の長女である。

ハワイから広島に移り女学校を出て、周防大島の人と一緒になった初枝さんが、朝、三井さんを起こすときは英語で「Ｗａｋｅ Ｕｐ！」と声がかかったそうだ。「Ｈｅｌｐというのは、お母さんが芋粥（島の郷土料理）をつくっている隣で芋を切ることだよ」と教えてくれた親戚の叔父さんもあった。周防大島の人たちの暮らしの中には、観光キャンペーンのために無理やり作ったものではない本物の「ハワイ」が息づいている。それは三井さんが子どものころからよく食べた芋粥の、さつまいもと米が溶け混ざり合うように、周防大島とハワイが融けあった物語である。

　戦前、広島に会社を持っていた三井さんの曽祖父だが、原爆で財産のほとんどを失った。初枝さんの兄弟も数人が戦死、さらに39歳で夫を失くした初枝さんは、その後も周防大島でひとり、2人の子どもを大学まで育てあげた。

「相当な苦労があったろうに、祖母からは愚痴一つ聞いたことありませんでした」と三井さんは振り返る。２０１４（平成26）年に１００歳

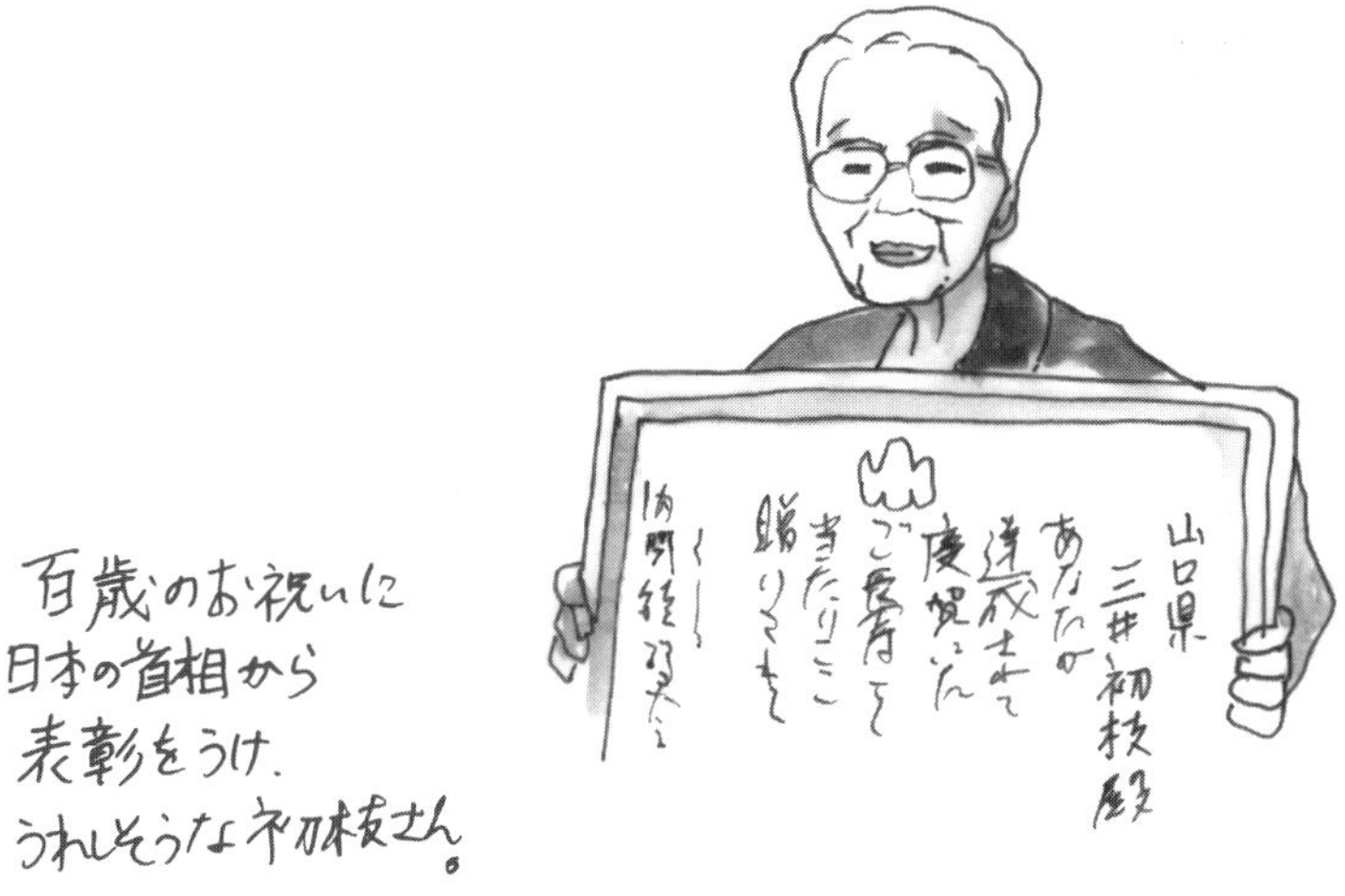
山口県
三井初枝殿
百歳のお祝いに
日本の首相から
表彰をうけ、
うれしそうな初枝さん。

を迎え、総理大臣から表彰状をもらって一族でお祝いした初枝さんは、その3か月後に亡くなった。最後には、牛肉のステーキを1枚、ぺろりとたいらげたそうだ。

Chapter 11

岩《いわ》国《くに》

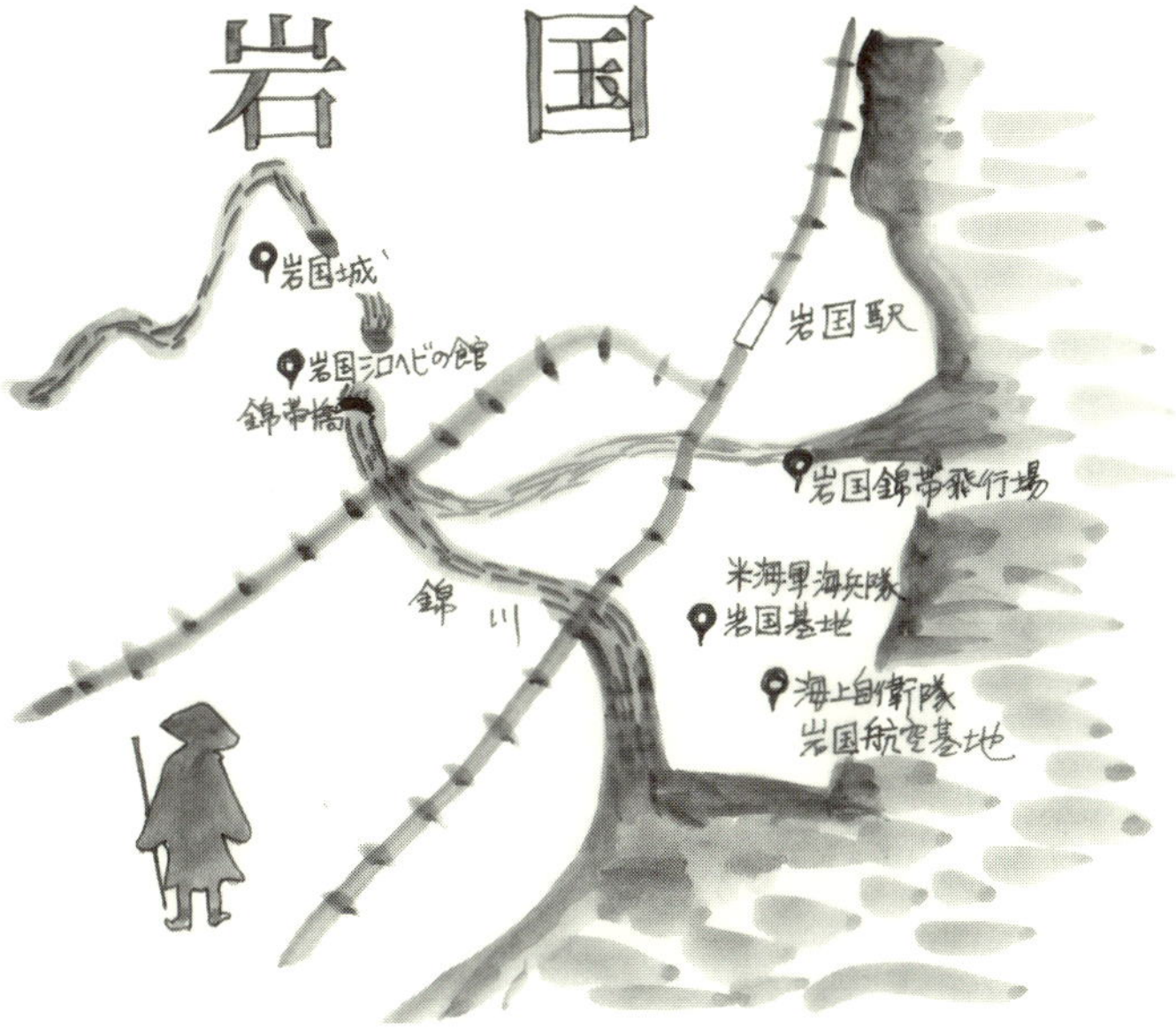

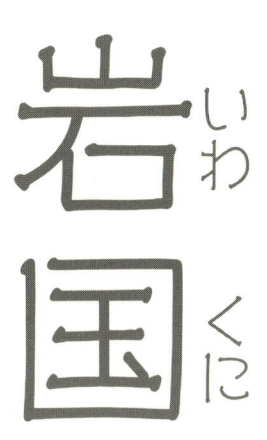

シロヘビのからまり加減

◇どこにもない店〜いろり山賊《さんぞく》◇重田栄治

山が燃えている。

というのは言い過ぎではない。まるで山火事でも起こったかと誤解するほど夜でも昼間のように、ここは明るい。6千坪の敷地には大きな幟《のぼり》が風になびいて無数の提灯が灯り、滝は流れるわ水車は回るわ太鼓をたたく人形があるわ建物の中には骨とう品がびっしり並ぶわと連日がお祭りさわぎ。岩国の山の中にある「いろり山賊」（岩国市玖珂町1380―1）は、テレビでもよく紹介され山口県名物ともいえるレストランである。

「いろり山賊」の前身は、広島市内にあった1951（昭和26）年創業の居酒屋「的場大學」。忍者屋敷のようなユニークな内装とリーズナブルな価格が当時から評判を呼び、連日満席で広島でも有名店だった。しかし時は高度経済成長期、海は汚れ広島ではよい食材が手にはいりにくい時代だった。もっと質の高い料理を、もっと面白い店づくりをと考えた初代社長は、食材の豊かな山口県での開業を考えて現在の場所に土地を購入、1971（昭和46）年に「いろり山賊」として開業する。

コンセプトは「どこにもないもの」。それならどんなに山奥でも全国からお客さんが集まってくれるに

山の中に突如現れる
レストラン「山賊」。
七月はちょうど七夕祭りをテーマに
沢山の飾りつけがあった。

違いない。そこから数々の、和風木造建築技術をパッチワークにしたような建物が次々と作られる。初代社長の無理な注文が大工さんを怒らせることもしょっちゅうだった。また、京都祇園祭の花形「長刀鉾《なぎなたぼこ》」をつくった職人さんを呼んで長刀鉾みたいな山車を作ったこともある。毎年12億円ほどの売り上げがあったが、そのうちの9億は常に借金の返済にまわされた。そんな「でも、やるんだよ！」の精神をもつ初代のおかげで、やりくり上手・段取り上手になったのが2代目社長、いまの高橋社長のお父さんだ。いちはやくコンピューターを導入し、現在山口県内に3店舗ある「いろり山賊」経営のプラットフォームをつくった。大型プリンターを購入して、巨大看板や人形などをすべて手作りし経費を節約できるようにしたのも、2代目社長だった。

現社長の3代目・高橋さんも、自ら武士の衣装をきて太鼓をたたいたりイベントを考えたりする実行派だ。ここに来ると、小さいころに楽しみで仕方なかったお祭りの晩の気持ちをおもいだす。あれも食べたいこれもしたい、全部の楽しいことを逃したくない、そんな気持ち。初代社長の夢見た「どこにもないもの」は、大人が長いあいだ「忘れていたもの」でもあるのだ。

夢といえば、初めてデパートに入った人達は夢の世界とおもったに違いない。台湾に初めて出来たデパートは台北の「菊元百貨店」、台南の林百貨店より一足はやく5日前の１９３２（昭和7）年11月28日にオープンした。菊元百貨店のオーナー重田栄治は、１８７７（明治10）年にここ岩国でうまれた。小学校を卒業してすぐに菊元一郎の経営する商店に実習生として入った重田は、26歳で台湾へ移住して呉服事業を始め、商売を教えてくれた恩師の名をとって菊元百貨店と名付ける。当時は台湾全土の建物で総督府に次いで高い6階建てで、エレベーターガールを見るために多くの客が押し寄せたという。建築は台北市の歴史建築に指定され今も残るが、雑居ビルとなり外見は昔の様子を留めていない。しかし、近年台湾で盛り上がっている文化財保存運動の流れから、当時の外観に修復しなおす動きも出ている。台湾アイデンティティーの強まりのなかで、日本時代の建築もまた、台湾の人々自身の多様な履歴のなかに、受け入れられていく。

◇錦帯橋の家◇岩国シロヘビの館◇岩国城

錦帯橋は、世にもめずらしい木造の五連橋で、真んなかがアーチ型・左右がそり橋となっている。「橋の下側を見ないと、錦帯橋を見たとはいえませんよ」。ガイドの竹本さんが、そう力をこめた。橋の下に立って上を眺めると、確かにかなり複雑な構造をしているのがわかる。南京玉すだれのように、長方形の大小の木材を少しずつずらしながらアーチ状に反っており、美しい寄木細工の工芸

錦帯橋、上から見るか、下から見るか。

品みたい。木が組み合わさった窪みにツバメが巣を作っている。錦帯橋に家をもつとは、なんてゴージャスなツバメだろう。

錦帯橋を渡って「シロヘビの館」（岩国市横山2丁目6—52）へ。天然記念物のシロヘビはアオダイショウのアルビノだが、江戸時代に神様の使いとして大事にされ数がふえた。今は市内に5つの飼育施設があり千頭ほどのシロヘビが飼育されているが、見学できるのはここと「岩国白蛇神社」（岩国市今津町6丁目4—2）のみである。

うねうねと滑らかで白い肌に思わず目が吸い寄せられる。口からは、先がふたつに分かれた舌が炎のようにチロチロみえる。ヘビは眼がよく見えないため、舌にあるヤコブソン器官に匂いを集めて状況を判断するそうだ。見どころは、何頭ものシロヘビが何が何だかわからないぐらいむちゃくちゃに絡まりあっているところ。ちゃんと解けるのか心配になる。

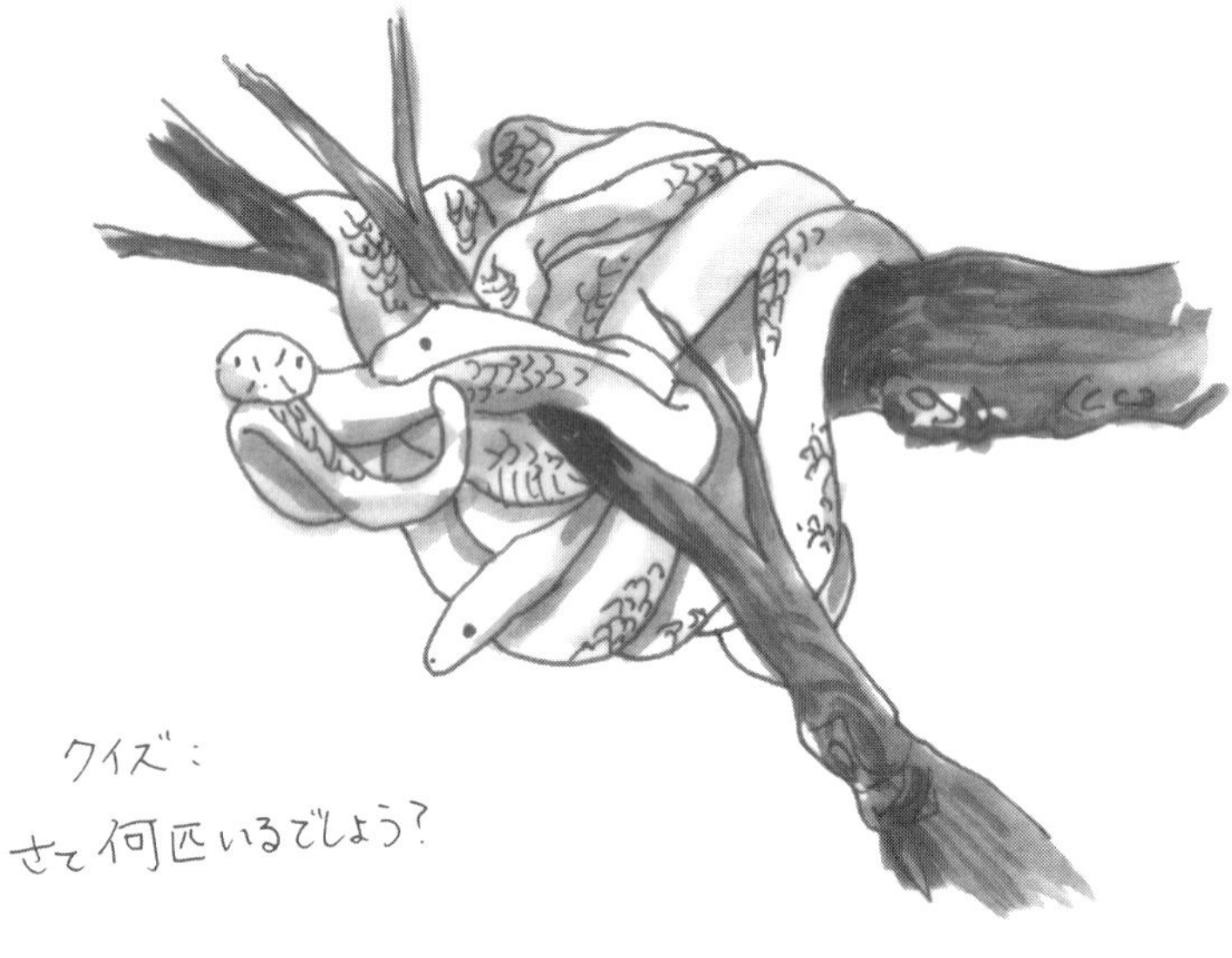

シロヘビの館をでて山の方へと歩き、ロープウェーに乗る。目指すは頂上に小さくぽつんと見える岩国城（岩国市横山3丁目）。関ヶ原の戦いで敗れた毛利一族の吉川氏が建てた城だ。大層不便なところにあるのでガイドの竹本さんに殿様はお城に住んでいたのかたずねると、住んでいなかったとのこと。関ヶ原直後の築城だったこともあり、また戦が起こった場合に備えた立地という。吉川のお殿様、負け戦がよっぽど堪えたに違いない。

ロープウェーに乗り、ふわっと身体がゆれたと思うと、みるみるうちに錦帯橋が小さくなり、岩国のまち全体が視界へ入る。ロープウェーを降りて石垣沿いに少し坂道をのぼる。もとは大内氏の時代に神社があった場所で、石垣は1600年ごろのものという。

穴太《あのう》積みという堅固さに配慮した石垣で織田信長の安土城と同じ組み方である。城に到着して天守閣まで上がる。幕府の一国一城令により築城から7年後には取り壊されてしまったこのお城、現在の姿は昭和の時代に復元されたものだ。さっき渡ってきた錦帯橋が手前にちいさくみえる。錦帯橋の掛かった錦川がうねうねと蛇のように横たわり、奥にみえる海沿いには米軍基地がある。1950（昭和25）年に勃発した朝鮮戦争の際には、ここが主要な飛行場となった。将来的には厚木基地の米軍航空隊の一部が移転してくる予定があり、そうすれば岩国は極東で米軍最大の基地となる。朝鮮半島や大陸へもっとも近いという地理が、有無を言わせず山口県を運命のなかに引きずりこむ。

城を出ると、掻き曇っていた空から大粒の雨がおちはじめた。急ぎ足でロープウェーの乗り場に着くと、雷雲が近づいており、危ないのでしばらく運転を見合わせるという。遠くの雲が、蛍光灯がつくときみたいにチカチカ光りながら近づいてくる。叩きつけるような雨脚のリズムに合わせるように、岩国のまちのうえを稲妻が走る。夏の夕方が、空を舞台に一大ショーを見せてくれている。ロープウェーの運転再開を待っている皆が、じいっとそれに見入っている。雨音が優しくなり、雷のゴロゴロとした音が次第にとおく離れていく。ロープウェーの職員さんの放送が聞こえた。

「お待たせしました、運転を再開します」

Chapter 12

門《も》司《じ》港《こう》

（番外編）福岡県

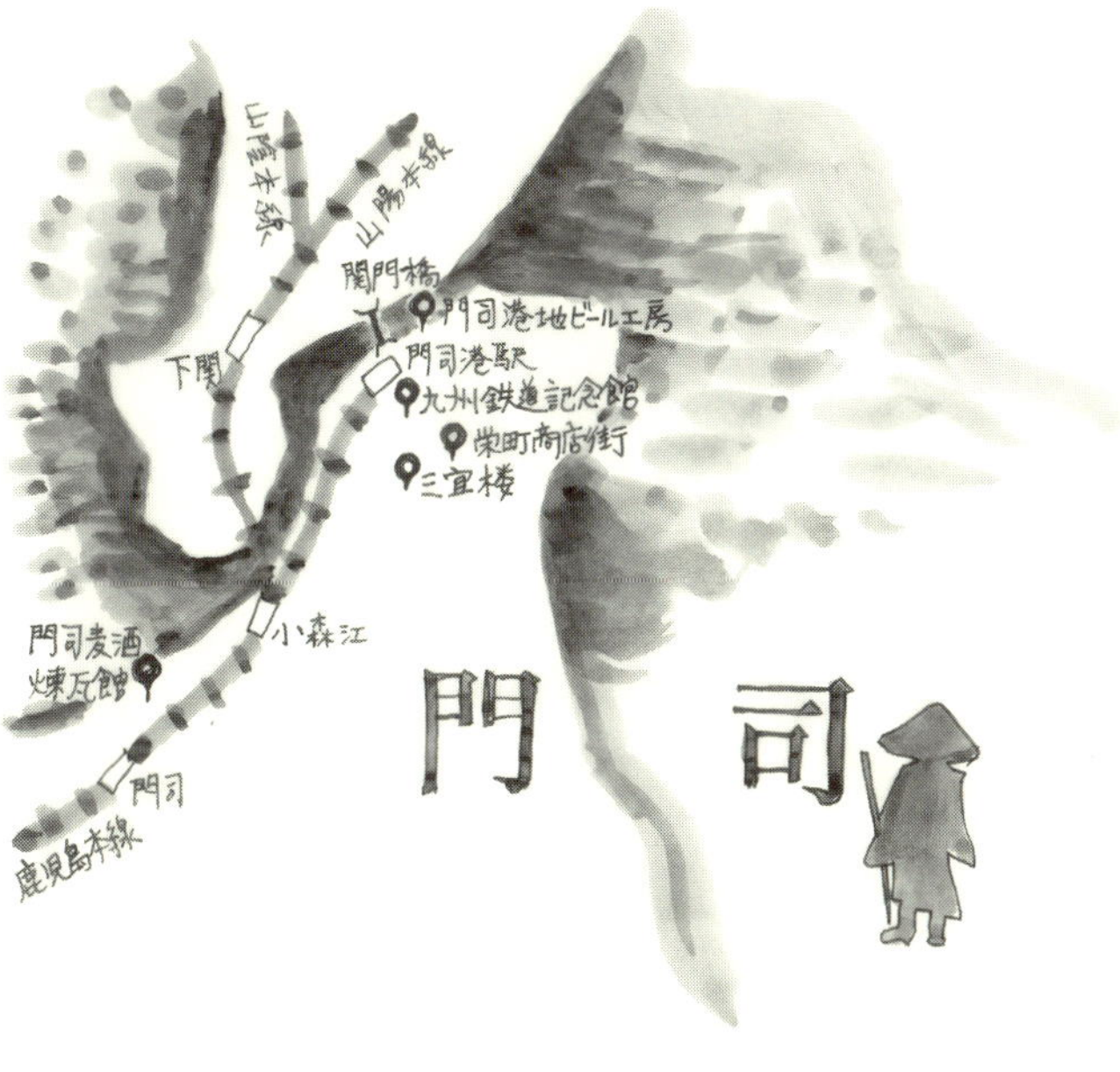

ふたつの海峡とバナナ

◇あこがれの台湾航路

海峡をはさんで対岸には、泳ぎの得意な人ならば、渡れそうなぐらい近くに山口県の下関市が見える。小さな頃、ここ門司に暮らす祖父母の家に遊びに行くとバナナがあった。生だったり、アイスみたいに冷凍してあったりもしたが、常にあった。

小学校の夏休みのある日、祖父の家の近くのデパートでお祭りがあり景品が当たった。商品は「ウォークマン」だった。裏に小さくMade in Taiwanと書かれていた。それを見た祖父が、むかし戦争で台湾経由でフィリピンまで船で行ったこと、台湾で積み込まれたバナナがとても美味しくて、バナナが大好きになったことを話してくれた。門司港には無数の外国の船が寄港していたから、戦争というものがよくわからなかった私はただ、港で美しい旗をはためかせる外国船がどんな処から来るのかに思いを馳せ、祖父が「フィリピン」や「台湾」という外国に行ったことがあるのだと、ぼんやりと羨ましいような気持ちで聞いた。それが、私が覚えている中で最初に「台湾」を意識した日である。

それから長い時間が過ぎて、わたしは台湾人男性と結婚し、台湾で暮らすことになった。その時に、父や叔母がこんなことを話してくれた。

「おじいちゃんはね、亡くなるまでずっと台湾に行ってみたいと言ってたよ」

祖父が亡くなったのは、私が結婚する随分前だ。

「親友の船が、戦争のときに台湾とフィリピンの間に沈んだんだって。それで、お参りに行きたいといって」

そこがフィリピンと台湾の間に横たわる「バシー海峡」と呼ばれることを知ったのは、つい最近だ。バシー海峡には戦時中に多くの船が沈み輸送船の墓場と呼ばれていたこと、アンパンマンの生みの親であるやなせたかし氏の弟で、アンパンマンのモデルともなった柳瀬千尋少尉もここで亡くなったこと（門田隆将『慟哭の海峡』角川書店／2014年）、バシー海峡で亡くなった人々を弔うために台湾最南端に建てられた「潮音寺」を、地元の台湾の方が長い間守ってきてくださったことも知った。祖父がお参りに行きたかったのは、そこだったとわかった。門司の祖父が亡くなってからもう20年が経つ。


下関の「関」に、門司の「門」、その2文字をとった関門海峡。門司港が栄えたのは、関門海峡に橋もトンネルもなかったころである。かつては九州鉄道の始発駅であると同時に外国航路の拠点でもあり、物や人を乗せて外国を行き来する船の多くが門司港に着いた。

そんなわけで、台湾と門司港の縁も浅からぬものがある。1896（明治29）年より大阪商船によって運航された「台湾航路」は、神戸から瀬戸内海を走って門司を経由し、台湾北部の基隆港《ジーロン》とを往復するものだった。

基隆港を出発した船から、門司港で降り立ったのは人だけでない。当時から高級フルーツとして重宝されてきた台湾バナナもそのひとつだ。台湾で積み込まれたバナナは青みを残したまま陸揚げされ、市場から門司や対岸の下関の果物屋に卸された。だから門司や下関の果物屋には店の地下にバナナを追熟するためのムロ（室）があるという。青いバナナを地下のムロに入れ、上に木板を置いて氷を置き、下から火を焚いてムロ内の温度を調節し、バナナを追熟させる。台湾から着いた時点で熟して黒くなってしまったバナナも幾らかあり、一刻も早く売りさばかねばならぬ。そこで生まれたのが、映画『男はつらいよ』で全国的に有名になった「バナナの叩き売り」である。独特の口上付きで物を売る啖呵売《たんかばい》の一種だが、テーマソング『バナちゃん節』で客寄せをして口上をはさみ、値段交渉で客に畳みかけていく独特のスタイルの商いは、門司港の風物詩となる。『バナちゃん節』は、地域によって色んなバージョンがあるようだが、門司港の『バナちゃん節』は例えばこんな風だ。

♪春よ三月春雨に　弥生のお空に桜散る
奥州《おうしゅう》仙台伊達公が　何故にバナちゃんに惚れなんだ
バナちゃんの因縁聞かそうか
生まれは台湾台中の　阿里山麓《ありさんふもと》の片田舎
台湾娘に見染められ　ポーット色気のさすうちに
国定忠治じゃないけれど　一房　二房ともぎとられ
唐丸駕篭《とうまるかご》にと　つめられて阿里山麓を後にして
ガタゴトお汽車に揺すられて　着いた所が基隆港

基隆港を船出して　金波　銀波の波を越え
海原遠き船の旅　艱難辛苦《かんなんしんく》のあかつきに
ようやく着いたが　門司ミナト　門司は九州の大都会♪

笑いありお色気あり、当時は門司港と台湾が密につながりを持っていたことがよく伝わってくる。台湾航路の花形だったのが、名船の誉れ高き「高千穂丸《たかちほまる》」という大型フェリーだ。高名な造船技師の和辻春樹によって設計され、室内には全面に蒔絵《まきえ》や螺鈿《らでん》が施される華やかさだった。日本のNHK料理番組や雑誌で活躍した台湾・台南市出身の料理研究家・辛永清《しんえいせい》さんは名エッセイストでもあるが、そのころの船旅についで著作のなかでこう振りかえる。

「その頃の日本航路を走っていた船は、高千穂丸であり高砂丸《たかさごまる》であって、きらびやかな大広間や甲板のプールが楽しい豪華船だった。父の乗る船が港に入るたびに、出港前の船に乗せてもらって船内を遊びまわっていた私には、日本への船旅は、いつか私もという憧れの旅なのだった。」（『安閑園の食卓』辛永清／集英社）

1942（昭和17）年に関門鉄道トンネルが開通、1958（昭和33）年には世界初の海底道路トンネルが誕生し、門司港を経由することなしに九州から本州へと渡ることができるようになった。それと同時に、世界中の多くの港町がそうであるように、門司港もまたその港としての輝きを失った。物流も発達し、黒いバナナが門司港に着くことも最早ない。

昔の九州鉄道の
玄関口だった。

わたしの小さなころの門司港の印象とは、時間の止まってしまったような寂しい場所だ。しかしその後、対岸の下関と一緒に大規模な再開発が行われた門司港は、残された多くの洋風建築を修復保存し、古き良き港町をテーマとした観光名所「門司港レトロ地区」として生まれ変わる。

◇門司港駅

幼いころの記憶をたどると、門司港駅の姿がまっさきに浮かぶ。1914（大正3）年に竣工した門司港駅（北九州市門司区西海岸1丁目5—31）は、オリーブグリーンの屋根にクリーム色の壁肌、左右対称のネオ・ルネサンス様式をもつ美しい木造建築で、駅舎としては全国で初めて国の重要文化財に指定された。ドラマや映画のロケにもよく使われ、サスペンスドラマで舞台が九州へと移れば、まずこの門司港駅が映しだされた。まさに九州玄関口の象徴である。残念ながら老朽化のために長い修理期間にはいって長らく姿を見ていないが、2019（平成31）年には工事完了の予定で、再会を心待ちにしているのである。隣接する「九州鉄道記念館」（北九州市門司区清滝2丁目3—29）も見逃せないスポットだ。

門司港駅建設を監修したのは、鉄道技師のヘルマン・ルムシュッテルというドイツ人である。日本の幕末から明治期にかけて、欧米から先進技術を輸入するため招かれたお雇い外国人のひとりだ。温厚な人柄で多くの日本人に慕われ「九州鉄道の父」と呼ばれている。

ヘルマン・ルムシュッテルはビールが大好きで、毎日1ダースのビールを平らげ、小柄ながら90キロの

九州最初のビール「サクラビール」を作った場所は
現在「北九州市門司麦酒煉瓦館」
として開館。

体重があったという。ビールといえば、門司の大里には九州初のビール会社「帝国麦酒株式会社」の工場跡を記念館とした「北九州市門司麦酒煉瓦館《ビールれんが》」（北九州市門司区大里本町3丁目6—1）がある。帝国麦酒株式会社を経営したのは、台湾の樟脳《しょうのう》販売権獲得で大きな利益を得た地元の鈴木商店。大正期には三井三菱をしのぐと言われるほどの年商を誇った総合商社だった。ここの工場で九州初のビール「サクラビール」は生まれた。台湾日本時代の古写真のなかで、台北駅近くにあったサクラビール・ビアホールや、紀州庵という日本時代の料亭の軒先にサクラビールの提燈《ちょうちん》がぶらさがっていたのを見たことがある。あれは、ここ門司大里のビール工場で作られ、門司港から基隆港へと運ばれていたのだ。日中戦争開戦前に鈴木商店は倒産し、サクラビールは現在のサッポロビールとなった。

◇サクラビールはどんなあじ

台北の古写真のなかにその存在を見つけて以来、サクラビールはどんな味がしたのだろうかと興味をもっていたが、そのヒントを門司港でみつけた。門司港駅のそばにある門司港地ビール工房（北九州市門司区東港町6—9宗文堂ビル）という3階建てのビアレストランのメニューに、昭和初期のビールの味をイメージした「門司港驛《えき》ビール」という琥珀色のビールがある。どっしりとしたコクと、ホップのするどい苦みを感じるビールだ。ホップ（麦芽）には防腐作用があるという。台湾まで鉄道や船で運んだビールも、長旅対策にホップを沢山使った苦みの強いものだったのではないだろうか。

門司港地ビール工房は1996（平成8）年生まれ。日本でも台湾でもクラフトビール・ブームの昨今は、色んな場所で地ビールを飲めるが、関門海峡が一望できジャズの流れるこの店の3階で飲むのは格別だ。ビールに合うハムやグリル料理が注文でき、門司港名物の焼カレーも食べられる。焼カレーは、昭和30年代に門司港で生まれた和風洋食で、ご飯の上にカレー・チーズ・生卵をのせてオーブンで焼く和洋折衷料理。門司港の至るところで、この「焼カレー」がメニューにある。

地ビール工房の焼カレーはトマトの酸味がきいて、関門海峡名物「ふぐ」の唐揚げが乗っていたりするが、そんな「混血感」が、門司港の古い建築や街の雰囲気をよく表現していると思う。

ジャパン・アジア・ビアカップで金賞を受賞したこともある門司港地ビールのひとつで、ドイツを代表するビール「ヴァイツェン」を注文した。しっかりとした旨味にアプリコットみたいなフルーティーな酸味があって、バナナを思わせる甘い香りがのどに残る。輝く黄金色がとろりとして「酵母の精」とでも呼びたいような一杯である。ビール好きだった鉄道技師のドイツ人のことを考える。当時こんなビールが門司で飲めたとしたら、彼はどんなに喜んだろうか。

◇栄町銀天街《さかえまちぎんてんがい》・三宜楼《さんきろう》・富美《ふみ》・館《やかた》

門司港に行ったならば、商店街「栄町銀天街」（北九州市門司区栄町）をぶらぶら歩いてほしい。きれいに整えられたレトロ地区より、かつての繁栄の余韻を感じながら、多くの船がたどりつき色んな国の人々が行き交った時代を想像することができる。商店街を突き当たりまでいくと、高台に木造3階建ての立派な日本家屋がそびえている。「三宜楼《さんきろう》」（北九州市門司区清滝3—6—8）という料亭で1955（昭和30）年に

創業70年以上の老舗のお鮨屋さん
「富美」の
大将の稲吉康吉さん
息子の幹夫さん

廃業したが、その後の保存運動で修復された。現存する料亭の建築としては九州最大で、3階からは関門風景が一望できる。

商店街の入り口には、「富美《ふみ》」（北九州市門司区栄町2—13）と書かれた看板のお寿司屋さんが見える。

終戦後、初代の女将・富美さんがこの場所で野菜を売り始めると同時に、北九州の八幡《やはた》で料理人の修行をしていたご主人が戻ってきて、料理屋として開業した。その後、寿司屋となり今の店主は2代目である。店内は、あるべきものがあるべきところにずっと置かれているような昔ながらの風情で、控えめながら要人の客も少なくない名店だ。ちょうど隣席した客人は門司港を拠点とする船の物流会社の社長さんということで、今も台湾との間を日々、沢山のコンテナが往来していることや、台湾のエバー航空の役員をここに招待したことを話してくれた。ジョン・F・ケネディの長女、キャロライン・ケネディも、駐日大使だったオバマ政権時代にこの「富美」を訪れたそうだ。

関門近海で獲れたイカや貝やウニを使った小ぶりの宝石のような寿司が、2代目の稲吉康伯さんの手先からすっと目の前の漆塗りのカウンターに置かれる。強い旨味を持つのは、夏が旬の地場の穴子の炙り。新鮮な海鮮によく合う萩の地酒「東洋美人」の生酒と共に、艶々とした物体が舌の上でとろける。この辺りによく来ていたのは幼いときで、こんなお店来たこともなかった（当たり前だ）。ああ、大人になってよかったなあ。

数年前に92歳で亡くなる直前まで、毎日このお店に通っては5合の日本酒を飲んでいた女性がいたそうだ。お名前を溝口満子さん、貿易会社の社長さんで台湾からのバナナの輸入に尽力したという。政治家の蓮舫の祖母、陳杏村《チェンシンツン》さんといい、台湾バナナに関わる方に女傑が多いのは何故だろうか。それはさておき、「富美」のお客さんは何十年もここに通い続けている馴染みのお客さんばかりだが、一見の客も暖かく迎え入れてくれる懐の深さが港町にはあると思う。

食事が終わって、どこかバーはないですか、と大将に聞いてみる。いい店のことは、いい店で尋ねるに限る。すると厨房で天ぷらや焼き物を担当している大将の息子・幹夫さんが、先に立って案内してくれた。飲み屋のならぶ路地を入る。港町の夜は魅力的で、どの看板にも気を取られるが、細い路地の闇のなかに「舘《やかた》」という一文字が輝く店のドアを幹夫さんが開け、「お世話になってます、よろしくお願いします」と丁寧に腰を曲げた。

お隣で働くママと合わせて150歳を超える「カクテルスナック舘」（北九州市門司区栄町5—23）のマスターは、1932（昭和7）年に台湾台南市一丁目寿町で生まれたそうだ。つまり台湾生まれ＝「湾生」である。マスターのお父さんはサクラビールの営業職だった。物心ついたころ台湾中部の南投県にいて、大きな地震にあったのをよく覚えているという。1941（昭和16）年の嘉義《ジャーイー》大地震だろうか。

「果物がおいしかったねえ」小さな頃は近所の人たちと土地の言葉で会話することもできたが、全部忘れてしまったという。でもいつか台南に帰ったら、ちょっとは思い出すかもしれない。マンゴーは「スワヤァ」、グアバは「バァラァ」、バナナは「ギンジョー」というんですよ。

「そうそう！　そんな名前だった気がするね」とマスターが、つぶらな瞳をきらきらさせる。戦争が終わって日本へ引き揚げとなり、マスターの一家は門司港で暮らすようになった。

台湾台南
生まれの「舘」のマスター
は、カクテルの名人。

「仕事が忙しくなかなか旅行できないけれど、台南にもう一度帰ってみたいなあ。うちの姉さんがこのまえ行ってきたんだけど、うちの建物がまだ残っていたって言ってたよ」。門司港にあった伝説のバー「八番舘」で世界各国から寄港してきた船乗りたちの好みに応えてきたマスターは、カクテルの名人である。八番舘が閉店したのち、その「舘」のひと文字をもらって独立し、今にいたる。

さて台湾航路のスターだった高千穂丸だが、1943（昭和18）年3月17日に門司を出港し3月19日に基隆沖で米軍の潜水艦の魚雷を受けて沈没する。その後、1945（昭和20）年4月にはじまった沖縄戦以降、門司港と基隆を結んだ台湾航路はすがたを消した。

台湾から船で運ばれてきた
という設定の
「バナナマン」

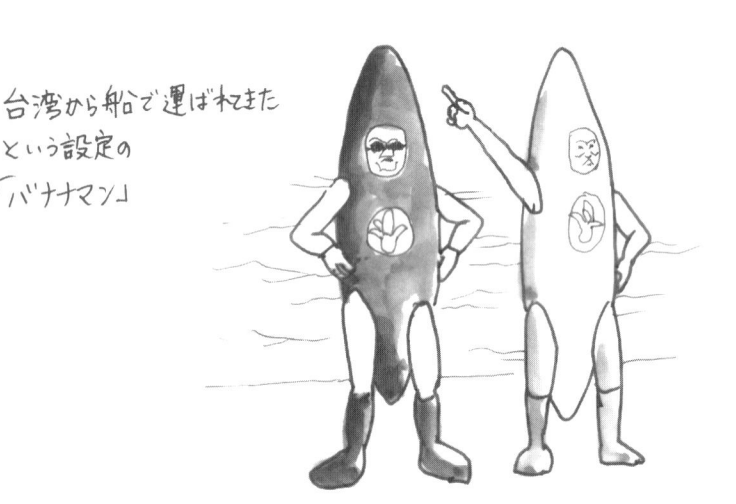

Chapter 13

下関《しものせき》

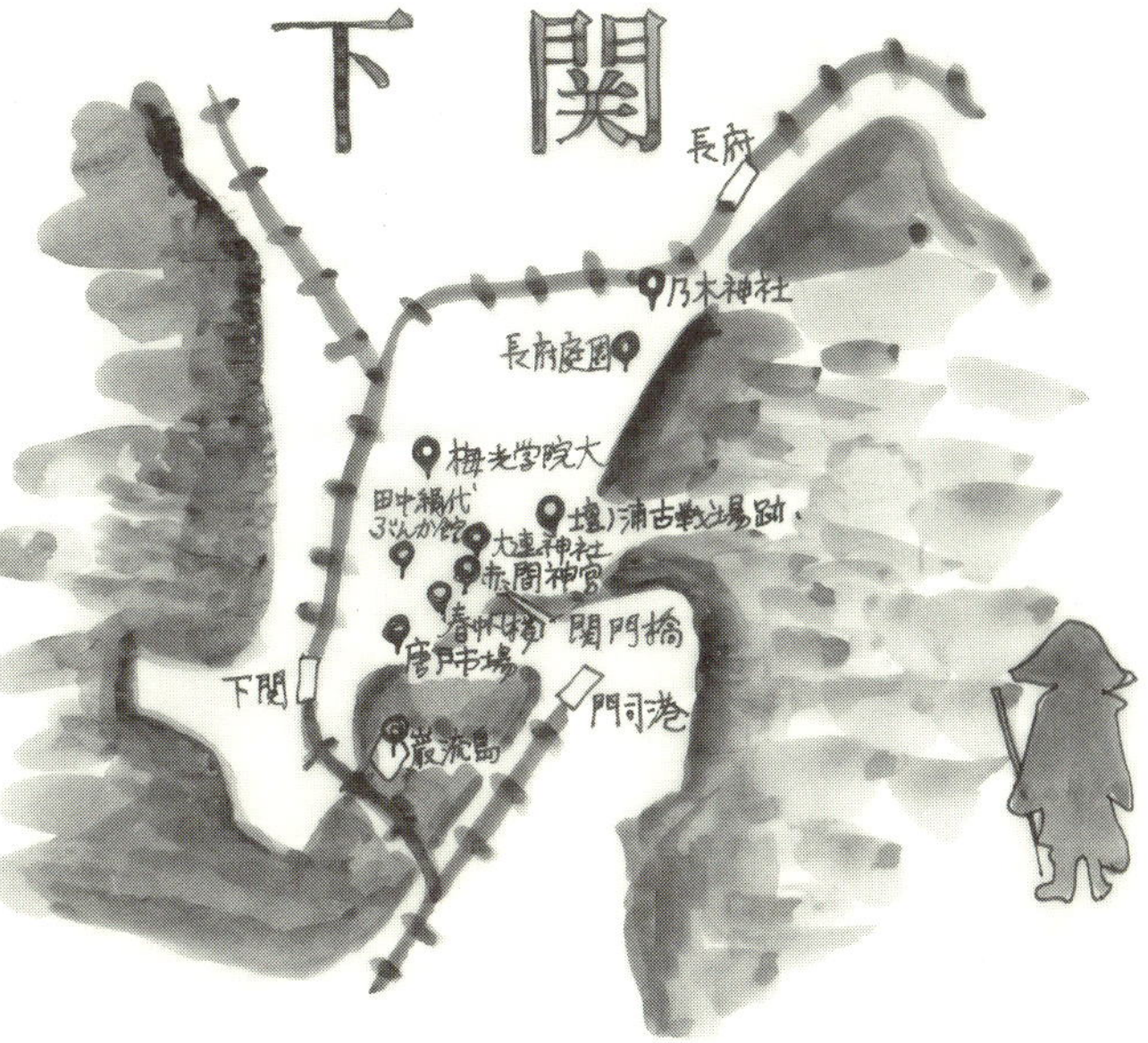

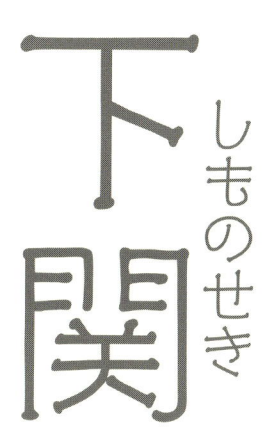

台湾と日本の運命の起点

◇春帆楼《しゅんぱんろう》と日清講和記念館

下関といえば「ふぐ」である。山口県では「ふぐ」のことを濁らずに「ふく」と呼ぶ。「福」とかけて縁起をかつぐのだ。下関市が「ふく」の本場として発展してきたのには、こんな経緯がある。

日本を近代化へと推し進めた明治維新。その際の功績により初代首相となった山口県出身の伊藤博文は、郷里にかえった際にある料理屋を訪れた。当日は海が荒れてよい魚がなく、困り果てた料理屋の女将は手打ち覚悟で、豊臣秀吉の時代から禁制でありながら、地元山口では料理法の確立していた「ふく」の料理を伊藤博文の御膳にあげた。その美味しさに驚いた伊藤博文は1888（明治21）年にふぐ禁制を解き、その料理屋に「ふく料理公許第一号」の許可を与える。その料理屋の名は「春帆楼《しゅんぱんろう》」、下関で最も格式の高い料

マンホールのふたは
もちろんフグモチーフ。
山口ではフグをにごらずに
「福」とかけて「フク」と呼ぶ。

館内の至るところに
フク・デザインがあしらわれている
春帆楼。
大広間の扉の取っ手にも。

亭である。それから7年後、春帆楼で伊藤博文と李鴻章《リーホンヂャン》によって調印されるのが「日清講和条約」（下関条約／馬関条約）だ。現在は改築されているが、戦前にあった元の館の2階が調印会場だった。

1895（明治28）年4月17日に調印された「日清講和条約」では、日本は清朝に対し、朝鮮国の独立をみとめ、台湾・澎湖《ポンフー》諸島・遼東半島を日本に割譲し、2億両（約3億1000万円）の賠償金を支払うことを要求したが、清朝側は調印ぎりぎりまで、台湾を割譲することを渋ったそうだ。調印場所の候補はいくつかあったらしいが、最終的にこの春帆楼に決めたのは、当時の首相である伊藤博文である。

「伊藤にとって山口は地元で地理に明るいこともあったでしょうが、何よりこの立地が重要だったと思います。海に面していて、広島の大本営からも近く、対岸が迫っている。調印の雲行きが怪しければ、艦隊を目の前に集め、遠近感をつかって視覚的に清朝側を威圧できると伊藤は考えたのかもしれない」こう教えてくれたのは、下関市立歴史博物館（下関市長府川端2丁目2―27）の町田一仁館長である。

調印された条約文とは、現在わたしたちが結ぶ契約書と同じく、当事者によって1部ずつ保存されている。清朝全権大使・李鴻章、日本の伊藤博文総理大臣・陸奥宗光外務大臣によって署名された調印文書、その一部は日本の外務省が保管し、もう一部は蒋介石の手で台湾へと持ち込まれ現在は台北の故宮博物館にある。当時の国民党政府にとっては、中国における自らの正統性を主張するため、外交文書は大切な証だったのだろう。台湾の日本への割譲を決めた清朝の文書が、現在は台湾にある……不思議な歴史のめぐり合わせを感じる。

春帆楼の敷地内にある「日清講和記念館」（1937年竣工／登録有形文化財）（下関市阿弥陀寺4―3）では、当時の貴重な資料のほか、調印した部屋も再現されており見応えがある。調印時に本当に使われたという赤いビロードの椅子が美しい。台湾と日本が運命を共に歩むことになったスタート地点。それがここ、下関市の春帆楼だった。

◇海峡を歩いてわたる

関門海峡がへだてる福岡県と山口県を結んでいるのが、関門大橋と関門トンネルだ。子どものころ、両親の車に乗ってトンネルを走るたび、天井がひび割れて魚と共に膨大な海水が雪崩れ込んでくるところを想像し、恐ろしいのにどこか恍惚とした気分を味わった。天気の良い日や夕景の時刻の関門大橋も素晴ら

福岡県と山口県を
海の底でまたいでいると思うと
わくわくする！

しいが、個人的には関門トンネルも捨てがたい。

関門トンネルには人専用の歩道トンネルもある。途中に福岡県と山口県の県境があり、2県を股にかけた写真が撮れることで有名だ。朝は地元の方達が、運動のためにトンネルを往復している姿をみることができる。毎朝のように海峡を跨ぐとは、なんて豪奢《ごうしゃ》な運動だろう。頭上では世界中からの船が往来し、関門海峡の荒い潮流をものともせずに、フグやらアジやらアナゴやらに交じって自在に泳ぐ魚になった心地の15分間。トンネルの距離は780メートル、しかも無料である。

うねる！ 龍宮城

◇壇《だん》ノ《の》浦《うら》なのだ

関門海峡にのぞむ下関は本州の最西端であり、古くは「赤間《あかま》が関《せき》」「馬関《ばかん》」とよばれた。剣豪・宮本武蔵と佐々木小次郎による巌流島《がんりゅうじま》の決闘、朝鮮通信使の上陸、高杉晋作による奇兵隊の活動拠点、長州藩が英・仏・蘭・米国と戦った馬関戦争など数多《あまた》の歴史的事件が交錯したダイナミズムは、日本海と瀬戸内海の潮がぶつかりあい巻き起こる海峡の渦そのものだ。また日清講和条約で台湾が日本に割譲されることを取り決めた料亭・春帆楼もあって、日本と台湾を考えるうえでも欠かせない場所でもある。

歩行者用の関門トンネルを出たあたりは、壇ノ浦と呼ばれる。海峡の幅が最も狭く、潮の激しさは日本有数と言われている。壇ノ浦といえば、源氏との合戦によって1185年に滅亡した平家のエピソードは欠かすことができない。平安末期の一武士だった平清盛は瀬戸内海の制海権を手にし、中国「宋」との交易で莫大な利益をあげた。これを元に京都の朝廷を掌握した平清盛は、孫を天皇の地位に据え、武士として初めて政治の実権をにぎる。源義経を英雄視してきた影響も大きかったのか、長らく成り上がりの暴君という悪人イメージの強かった平清盛だが、近年ではその人柄の奥ゆかしさや優しさ、宋銭を用いて国内の貨幣制度の基礎をつくった先見性を再評価した大河ドラマが作られた。2012（平成24）年の『平清盛』だ。世間的な評判はいまいちだったが、個人的にはとても面白く観た。

当時は「平家でなければ人ではない」と言われるほど繁栄したにもかかわらず、その後の運命は「祇園精舎の鐘の声　諸行無常の響きあり」ではじまる『平家物語』にある通りだ。源氏を中心とした関東武士によって京都を追われた平家一門は、瀬戸内海沿岸を舞台に戦いながら西へと落ち延びるが、ついに下関の壇ノ浦にて完全に包囲されてしまう。観念した平家の武将たちは次々と海へ身を投げ、安徳天皇も祖母の二位尼《にいのあま》（平清盛の正妻・平時子）と共に壇ノ浦の海へと入水し、平家は滅亡する。安徳天皇このとき満6歳、一番若くして崩御した天皇といわれている。

この安徳天皇入水の場所が「みもすそ川公園」（下関市みもすそ川町1）で、安徳天皇の祖母・二位尼の詠んだ和歌の碑が建っている。

今ぞ知る　みもすそ川の　御ながれ　波の下にも　みやこありとは

「海のなかにも都がありますから、これから一緒に参りましょう」と幼い安徳天皇に語りかける内容だ。

この安徳天皇、遺体が見つからなかったことから、じつは落ち延びて生きながらえたのではという説も根強く、「平家の落人《おちうど》伝説」として形を変え、日本各地で今なお語り伝えられる。

◇赤間神宮と大連神社《だいれん》

みもすそ川公園から関門大橋の下をくぐり西へ1キロほど歩いたところに、安徳天皇を祀る「赤間神宮」（下関市阿弥陀寺町4―1）がある。小学校時代を下関ですごした私も、学校のスケッチ大会や夏休みの宿題のために赤間神宮を写生しにいったことがある。艶めかしい朱色の壁、岩絵具の緑青を思わせる屋根の色、白い土台柱のコントラストは龍宮城のようで子ども心に魅了されたものだが、じつは戦前はふつうの白木の神社だったと話してくれたのは、赤間神宮の水野直房《なおふさ》名誉宮司だ。

水野さんは中国大連市うまれの82歳（2017年取材時）。父親の水野久直《ひさなお》氏は、満州への玄関口・関東州の大連にあった「大連神社」の3代目宮司だった。太平洋戦争が終わってソ連軍の統治下におかれ、行き場をなくした日本人の多くが難民となり、暴力と飢えにさらされながら各地を転々とした満州からの引き揚げは悲惨を極め、亡くなった日本人は24万5千人にのぼるといわれる。治安の悪化があまりなく、穏やかに進行したと言われる在留台湾日本人の引き揚げとは対照的だ。

大連神社も例外ではなく、土足で乗り込んできたソ連兵が簞笥《たんす》を物色しはじめた。舞楽の笛を見つけたソ連兵は、水野親子に神楽の舞や楽器の演奏を披露するように迫る。そこで水野親子が笛で面白いリズムを聞かせると、ソ連兵たちは独特のステップで踊りだした。大喜びしたソ連兵はその後も大連神社を荒らすことなく、上級将校も神社にたびたび顔を見せるようになって、水野親子らの舞や音楽を所望した。

「芸が身を助けるとは、まさにこのこと」と水野直房さんは小学校高学年だった当時を振り返る。ちなみに、80年代に大ヒットしたテレビドラマ『不良少女とよばれて』の原作者である原笙子《しょうこ》氏も大連神社の神職の長女で、水野氏と共にソ連兵に舞を見せて命をつないだ子どもらの1人だ。原笙子というペンネームはその時にソ連兵達からうけた「ハラショー！」（素晴らしい）というロシア語の賛辞から名付けられた。これらの記録は、2017（平成29）年から特派員として台北に駐在する読売新聞社の牧野田亨記者の連載『アカシアの記憶』（読売新聞西部本社版／2006年）に克明に記されている。満州から引き揚げてきた方達の記憶を丁寧に取材し綴ったシリーズだが、原笙子氏の著書からの引用は忘れられない。そこには、日本人の子どもたちが中国人（当時は満人と呼ばれた）の子どもを見つけるとののしり石を投げていたこと、そして「戦後は立場が逆転した。石を投げられ追いかけられ、行く手に立ちはだかられて初めて、戦前の中国人の子どもたちの苦しみがわかった」とあった。

1947（昭和22）年、水野親子はソ連兵に守られながら大連神社のご神体を胸に高砂丸に乗り赤間神宮対岸の門司港にたどり着いたが、これは戦前に海外に建てられた数ある神社の中で、ただひとつ日本の地へ帰国したご神体だ。台湾にも「台湾神社」はじめ多くの神道式神社があったが、日本帝国主義の象徴として戦後に殆どが撤去されている。珍しく原型を留めている台北県内の桃園市にある桃園《とうえん》神社（現・桃園市忠烈祠）を先日訪れた。たしかに神社の姿かたちはしているものの、ご神体はすでに無く、代わりに反清・抗日の烈士の位牌が申し訳程度に並べられていた。立派に修復はされているものの、なんだかセミの抜け殻のようで、「ご神体」とはなにかを考えさせられた。

引き揚げ後、赤間神宮に赴任した水野久直宮司は、焼野原にちいさな大連神社の祠《ほこら》をたてた。それに加え、もともと画家を志し京都の画学校で日本画を学んだ久直氏が、龍宮城に見立てて神社入り口に描いた

北京語を流暢に
お話される、赤間神宮
の水野直房名誉宮司
は、戦前の大連生まれ。

美しい社殿の絵は、荒れ果てた「赤間が関」（下関）の人々の心に明るい希望の火を灯した。神社入り口に飾られた久直氏作の再建図は、下関漁業発展の大きな礎を築いた大洋漁業（現・マルハニチロホールディングスの前身）の副社長・中部利三郎氏の心をとらえ全面的な支援をうけて、１９６５（昭和40）年に竣工されたのが今の赤間神宮である。本殿の北東には、戦後に大連から運ばれたご神体が鎮座する大連神社が再建されていることを、知る人は多くないだろう。

映画『男はつらいよ』の山田洋次監督も、満州からの引き揚げだ。戦後は中学高校と多感な時期に山口県宇部市の親戚の元に身を寄せ、苦しい生活の中で親切にしてくれたのが、アルバイトに雇ってくれた在日コリアンの社長で、満州や戦後の日本において支配する／される民族の双方の立場を経験したことが、移民やはみだし者などのアウトサイダーに心を寄せ、生活のなかの哀しみと笑いを描き出す人情劇を作ることへ大きく影響したと語っている（毎日新聞／時代を駆ける／２０１０年）。三方を海に囲まれ、朝鮮半島と中国大陸にほど近い山口県は、様々な立場からの思索を育てるのかもしれない。全国を旅してまわる『男はつらいよ』シリーズの中では山口県でも撮影が行われているが、萩城跡および平安橋付近と、もうひとつは赤間神宮がロケーションとなっている。赤間神宮では寅さんが鳩笛の啖呵売《たんかばい》をしているが、撮影時に山田監督は大連神社の存在をしっていたろうか？　機会があれば聞いてみたいものだ。

山田監督にとって山口県はゆかりの場所であるにも関わらず、全48作ある映画『男はつらいよ』において、山口県ロケが行われたのは第37作『幸せの青い鳥』。シリーズ中でもかなり後ろのほうだし、しかも出てくるのはオープニングの一瞬で、あとは福岡に舞台がうつる。作家・評論家で『男はつらいよ』に大変くわしい川本三郎さんと台北でお会いしたときに、『男はつらいよ』シリーズを撮影した高羽哲夫氏が福島会津のご出身なのに関係があると教えて頂いた。ドラマの裏を支える現実には、更なるドラマが隠されている。まるで赤間神宮と大連神社の関係をおもわせる。

いっぽうで、赤間神宮本殿の北西に平家一門の武将の墓「七盛塚《しちもりづか》」と「耳なし芳一像」があるのはよく知られている。赤間神宮がかつて、阿弥陀寺と呼ばれるお寺だったころ、芳一という琵琶法師がおり名手として知られていた。ある夜、芳一は武士に連れられ「貴い方」の屋敷を訪れる。壇ノ浦の合戦の場面を請われて琵琶を弾き語ると、観衆は感動のあまり声をあげてすすり泣いた。それから毎晩出かけていくようになった芳一を、不審に思った阿弥陀寺の和尚がこっそりと後を付けていくと、芳一が座っていたのは安徳天皇の墓前で、周りを鬼火が囲んでいる。芳一の観客とはつまり、平家の怨霊だったのである。和尚は芳一の全身に「般若心経」を書くことで、怨霊の目から芳一を隠すことに成功するが、唯一、両耳にお経を書くことを忘れてしまう。芳一を見失った怨霊は、せめてもの土産にと芳一の両耳を切り落とし持って帰ってしまい、耳を失った芳一はその後「耳なし芳一」と呼ばれるようになった、日本人には馴染みの深い怪談である。

水野さんに、聞いてみた。芳一は実在したのでしょうか？

「関門海峡は潮の満ち引きによって流れが速くなる。渡し舟しかない昔は、汐待ちの客をねらって茶屋ができたり、琵琶法師が平家物語を語る大道芸もうまれた。そういう中から生まれたんでしょうね」

この日、赤間神宮を訪れたのは燃え上がるような夏の盛りである。しかし、七盛塚のあたりは、昼間でも薄暗く温度も低く感じられ、霊感のない私でも空恐ろしい。それを伝えると、水野さんは我が意を得たりとこういった。

「そうでしょう、感じたでしょう。平家の亡霊といえば、日本一といってもいいぐらいの怨霊なんだから」

以前、水野さんはいちど、霊能師である女性客を連れ、七盛塚に参ったことがあるそうだ。

「いきなりその方は気を失って、急いで社務所まで運んで休ませた。気が付いていうには、塚のほうから無数の亡霊が突進してきて自分の体のなかを通り抜けていったと」

この七盛塚の手前には、琵琶を弾き語る耳なし芳一の像がある。丑三つ時には壇ノ浦の合戦を弾き語り、今も平家の亡霊たちを慰めているのかもしれない。

小泉八雲《やくも》による怪談話を映画化した傑作オムニバス映画『怪談』（1965年）の小林正樹監督は、日本映画を代表する大女優のひとり田中絹代《きぬよ》（1909―1977）の又従兄弟にあたり、癌と借金に苦しめられた田中の晩年を支えたという。田中絹代は下関の出身で、その功績を記念する「田中絹代ぶんか館」（下関市田中町5―7）が2010（平成22）年にオープンしたが、その名誉館長だった下関出身の直木賞作家・古川薫氏は、地元山口県の歴史や人物について膨大な著作を残し、2018（平成30）年に亡くなった。

小学校6年生までを大連で過ごされた水野名誉宮司は華語（中国語）に堪能で、別れ際には華語であいさつとなった。「自分の半分は日本人だけれど、半分は大連人と思っている」という水野さんの言葉を聞き、潮が出会うように中国や朝鮮の影響をうけつつ、ドラマがうねってきた下関の歴史にふれた気がした。

◇乃木神社

日清講和記念館や赤間神宮のある壇ノ浦から、北東へ8キロほど行ったところに、長府《ちょうふ》という城下町がある。毛利氏の一族により「長府藩」が置かれ、武家屋敷の建ちならぶ古い街並みが残っている。

その街並みのなかに「乃木神社」(下関市長府宮の内町3―8)がある。日露戦争で活躍して軍神と称えられ、明治天皇に殉死したことで知られる長府藩出身の軍人、乃木希典《のぎまれすけ》(1849―1912)を祀った神社である。

日清戦争で敗北した清朝が、台湾在住者に全く知らせないまま日清講和条約をここ下関で締結、台湾を日本に譲ったことを不服におもった一部の裕福な台湾人は、清国人の唐景崧《タンジンソン》を総統として「台湾民主国」の成立を宣言した。しかし日本軍が台湾に上陸して台湾北部の港・基隆《ジーロン》を占拠した(乙未《いつび》戦争)ことで、台湾民主国軍は総くずれとなり、唐景崧は廈門《アモイ》に逃亡する。わずか5か月間の「台湾独立」であった。このとき台湾に上陸したのが、第1代台湾総督で鹿児島(薩摩藩)出身の樺山資紀《かばやますけのり》、そしてのちに第3代台湾総督に任命された乃木希典である。

乃木は台湾総督として赴任するにあたり母と妻を連れていったそうで、職務への覚悟の深さがうかがわれる。実際、割譲されたばかりの当時の台湾では日本に対する反発が強く治安が不安定で、日本の官吏は単身で赴任するのが殆どだった。明治天皇も69歳になる乃木の母・壽子《ひさこ》に日本に残ることを勧めたが、壽子はそれに対し「台湾の女子は清朝の習俗の影響で、幼いころから纏足《てんそく》(足に布を巻き、足が大きくならないようにする習俗)を強いられていると聞く。わたしは、その足を自由にしてあげたいのです」と応じ、

多くの歴史的事件の舞台となった
関門海峡を下関側から眺める。

明治天皇を感動させたというが、その壽子も台湾に渡った2か月後にマラリアで亡くなった。

のちに近代化政策が功を奏してくる第4代台湾総督の児玉源太郎(山口県周南市出身)以前の総督府は、各地で起こる武力反乱を抑えることで精いっぱいだったという。実際、反乱を抑えるために多くの部下を失い、台湾を日本領土として管理していくことの難しさを痛感した乃木は当時、台湾をフランスに売却する提言さえしている。その後に日露戦争で盟友となった児玉源太郎の猛反対にあい、売却案は取り下げられたが、乃木と児玉の信頼関係がなければ、その後の台湾の運命も大きく違うものとなっていたかもしれない。

神社は乃木が少年期を過ごした家との隣接地を境内とし、境内にかつての乃木家の様子が復元されている。社殿は阿里山《アーリーシャン》より運ばれた台湾檜で作られたときく。質素で慎ましやかだったという乃木希典の人柄そのままに、簡素で清らかな息遣いを感じさせる神社である。

◇孫文の蓮《はす》の実

長府毛利藩の家老、西運長《にしゆきなが》の邸宅だった長府庭園(下関市長府黒門東町8—11)は、季節に応じて春は桜、夏は蓮、秋は紅葉と1年をとおして楽しめる。

夏のころ見事に咲く蓮は「孫文蓮《そんぶんはす》」と呼ばれている。中国近代革命の父といわれ、台湾(中華民国)では「国父」とも呼ばれる孫文が、日本へ亡命した際に辛亥革命の資金を募っていたとき、山口県からは下関の田中隆という富豪、そして萩出身で日立製作所や日産コンツェルンの基礎を築いた久原房之介が巨額の献金をしたと、作家の古川薫氏は記している。

孫文は下関に来たときに田中隆に会い、支援の御礼として古代蓮の実を４つ、祝儀袋にいれて田中隆に贈った。ここ長府庭園の蓮はその実のひとつが発芽したのを株分けしたものらしい。中国で君子を意味する蓮の実を贈ったところに、孫文の深い決意のようなものが感じられる。

Chapter 14

山口地酒めぐり

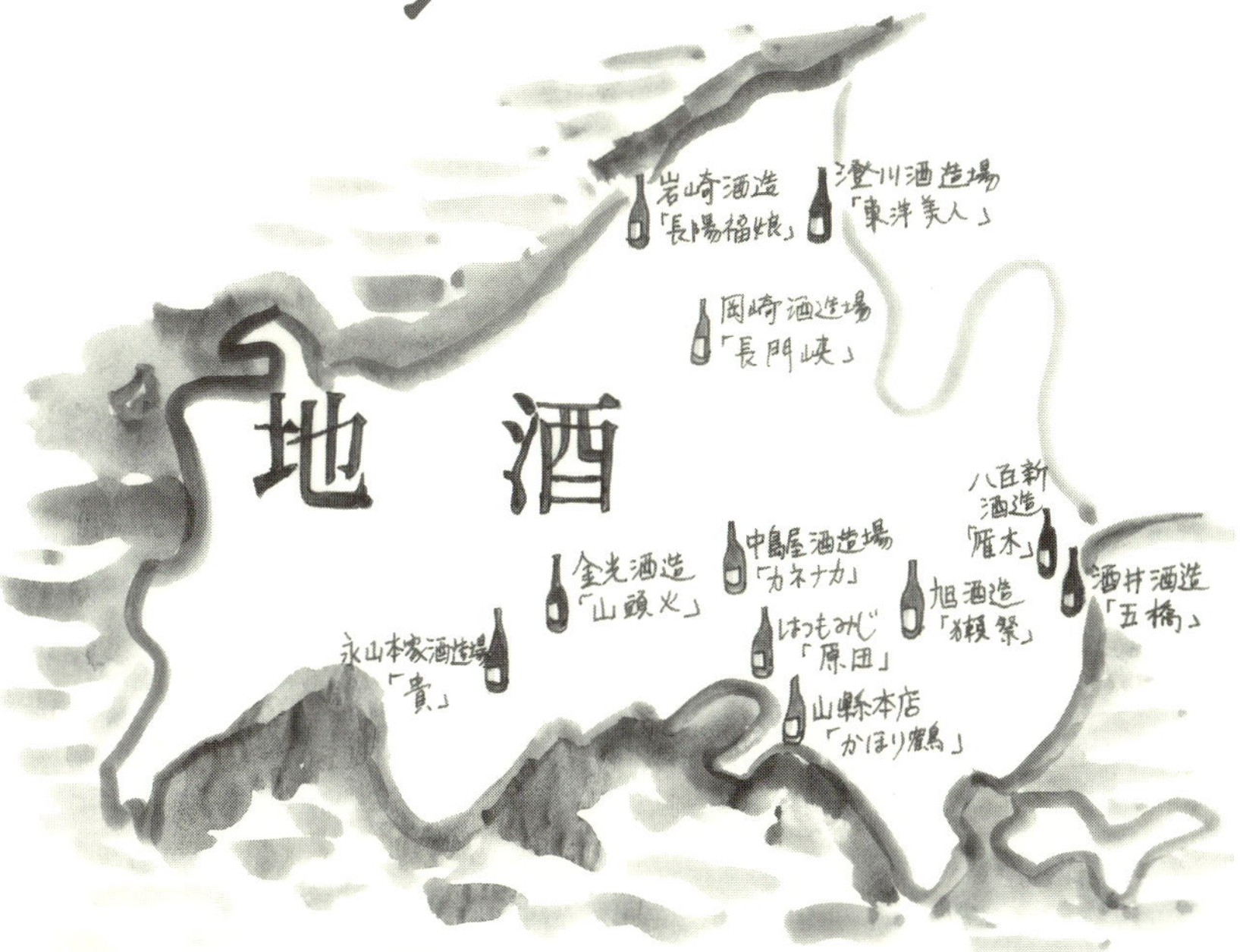

旅のおわりの乾杯にかえて

台湾から帰省したときに、まず行くところがある。山口市の瑠璃光寺ちかくにある「ムラタ酒店」（山口市上竪小路75）か山大通りの「酒の三平」（山口市平井679）。どちらも山口県内の地酒を多く取り揃えている。帰りに山水園の外湯「翠山の湯」でひとっ風呂のあと、スーパーに寄って近海で獲れた魚のお造りを買い、実家にかえる。母と2人、それぞれ今日の気分のお猪口を選んで、会っていなかった時間を満たすように盃に酒を注いではお喋りに花を咲かせて飽きることがない。近い将来でなくとも、いつかは失われてしまう得難い時間。そこに寄り添ってくれる山口のお酒の豊かな滋味に、ただいま～と舌もこころもよろこぶ。

日本酒を飲む人が減り、日本酒業界が低迷して久しい。そんな中でも元気がいい山口県の日本酒は、10年連続で出荷量が増加している。海外要人へのもてなしに使われて話題となったことで、台湾でも知名度の高い「獺祭《だっさい》」（旭酒造／岩国）や、今回は残念ながら取材がかなわなかった「東洋美人」（澄川酒造／萩）が牽引しているのも大きな理由のひとつだが、ほかにも要因は沢山ある。例えば、県内のたくさんの農家が酒米づくりに取り組み始めたことや、県の産業技術センターで、日本酒の味に大きく関わる酵母についての開発が進んでいること。そしてなにより、ブランドづくりに工夫と努力をこらし、厳しい時代を生き残ってきた蔵元、そこでうまれた魅力ある酒をいかに飲み手に届けようかと頑張っている酒屋のたゆまない努力が市場での成果につながっていることを、県内7つの蔵元を訪ねて深く感じた（見学はそれぞれの蔵元に要確認・要予約）。

◇岩崎酒造／萩市　「長陽福娘《ちょうようふくむすめ》」

1901（明治34）年創業。萩の商店街の中にある蔵元。名杜氏と言われた南野清美さんについて杜氏の勉強をした5代目の岩崎社長により作られるのは、柔らかい萩の軟水で仕込まれた旨味のつよい酒。基本的には山口県産のお米、山口県産酵母を使用する。お米の香りとフルーティーさのバランスがよく、筆者の大好きな銘柄である。

萩市東田町58番地　TEL 0838（22）0024　FAX 0838（22）8611

◇永山《ながやま》本家酒造場／宇部市　「貴《たか》」

永山兄弟による老舗の蔵元。杜氏である弟の永山貴博さんは20歳のときに実家に戻り、酒造りをはじめた。欧米の自然派ワイン・ドメーヌにインスピレーションを受け、兄の将之さんが営業を担当する傍ら米を作り、夢のある酒造りを行う。秋吉台系のミネラルが残る、しっかりした味わいの水を使用。食事に寄り添える日本酒として、東京などの飲食店でも評価が高い。

宇部市大字車地138　TEL 0836（62）0088　FAX 0836（62）0509

◇金光酒造《かねみつ》／山口市「山頭火《さんとうか》」

1926（大正15）年創業で、現在は5代目。地元・嘉川《かがわ》の米を中心に、郷土で愛される地産地消の酒造りを心がける。詩人の種田山頭火が明治のころ父親とともに防府市大道《だいどう》で営んでいた酒造場を買い取ったのが金光酒造の親類の蔵元だったことから、詩人ゆかりの酒「山頭火」はうまれた。

山口市嘉川5031番地　TEL 083（989）2020　FAX 083（989）2021

◇はつもみぢ／周南市「原田」

1819（文政2）年創業。一時は酒造りをやめていたが、現在の12代目である原田社長が「貴」の永山氏について学び、酒造りを再開。蔵元杜氏を務める。すべて醸造アルコールを加えない純米酒。1年を通して新酒をつくる四季醸造のため、いつもフレッシュな味わいが魅力。

周南市飯島町1―40　TEL 0834（21）0075　FAX 0834（21）4075

◇山縣《やまがた》本店／周南市「かほり鶴」「つるの里」

1875（明治8）年創業。数々の全国的な賞を受賞しており、お米は地元の専属契約の農家のものを使う。1996（平成8）年からアメリカに向けて輸出している国際的に販路をもつ蔵元。

周南市大字久米2933　TEL 0834（25）0048　FAX 0834（25）2703

◇中島屋酒造場／周南市「カネナカ」

1823（文政6）年創業。銘水で有名な地域にある。現在の社長は、全国的にも早い「蔵元杜氏」（伝統的な外部杜氏任せでなく、蔵元オーナーが杜氏を兼ねる）となった先見性のある蔵元で、2年近く常温に置く熟成酒など個性的なお酒を造る。

周南市土井2―1―3　TEL　0834（62）2006　FAX　0834（62）4895

◇旭酒造／岩国市「獺祭《だっさい》」

今や世界的な日本酒銘柄。台湾でも大人気で、2018（平成30）年夏の西日本豪雨の後に販売された「島耕作バージョン」は、いっとき台湾の友人たちのSNSに毎日のように登場した。山奥の蔵元で、地元での販路に行き詰まりを感じ、早くから東京・大阪で営業をはじめたのが後に花開いたことは、『獺祭天翔ける日の本の酒』（西日本出版社刊）に詳しい。世間では「工業製品のような酒造り」と陰口をたたかれることもある「獺祭」だが、じつのところ多くは人の手と判断の上で酒造りが行われているのがわかる蔵元見学は一見に値する。

岩国市周東町獺越2167―4　TEL　0827（86）0120　FAX　0827（86）0071

そのほかにも、雁木《がんぎ》（八百新酒造／岩国市）、長門峡《ちょうもんきょう》（岡崎酒造場／萩市）など好きな銘柄は色々あるが、とくに湯田温泉の名店「ひさご」（山口市湯田温泉3丁目7―14）さんで行われた五橋《ごきょう》（酒井酒造／岩国市）をとびきりのお料理で愉しむイベントは忘れられない。近年、山口県の地酒をさまざまな形で味わう試みが各地で行われているので、機会があれば是非とも訪れていただきたい。

１９７０年代ごろまでには県内に１４０もの蔵元があったそうだが、現在残っているのは20前後。１割の中に残っただけに、今ある蔵元はどこも個性的でタフ。そして酒造りについて、高い志をもっている。

「酒はその土地を離れることをきらう。」

お酒を心から愛した昭和の名文筆家・吉田健一の名言である。とはいえ、今では流通環境の進歩により品質を損なうことなく、日本酒は海外にもどんどん輸出されるようになった。特に今、台湾にむけても力が入っており、ここで紹介している銘柄の多くに台湾で出会えるようになった。とはいえ日本で飲むのに比べればやはり値段が張るし、地元で味わう酵母の生きた「生酒」のフレッシュなおいしさは筆舌に尽くしがたい。

なにより縁を感じるのは、山口県産の酒米「西都《さいと》の雫《しずく》」である。このお米、山口の磯永吉博士の章（37ページ）でも取り上げた通り、台湾での蓬莱米と先祖を同じくする。「西都の雫」で作られたお酒を飲みながら、海の向こうにある台湾を想う。本書を手に取ってくださった皆様がそんな想像の旅にあそびつつ、いつか実際に台湾を訪れてくだされば、著者としてこんなに嬉しいことはない。

あとがき

《まえがき》で、夫の大伯父が発した「わたしは忘れられた日本人」という一言を紹介した。その言葉には、わたしが漠然と信じてきた日本という国のかたちをグラグラにするぐらいの威力があった。それまでも海外の色んな場所に旅行に出かけてはいたが、それとは異質の経験である。正しいと思い込んできたものの不確かさ、頼りなさ。じぶんを中心とした「空間感覚」が水風船みたいに破裂したようで、どこまでも流れ出していくようだった。かなり大袈裟にいえば、手に水を浴びて「ＷＡＴＥＲ」を認識したヘレン・ケラーの感覚に近いものがあったかもしれない。

本書に取り組みはじめたころ、そうした空間感覚の正体にヒントをくれる言葉を、一緒に仕事をしていた美術手帖の編集者・田尾圭一郎さんとの雑談のなかで知った。小説家・島尾敏夫の考案した「ヤポネシア」だ。ヤポネシアとは、「ヤポニカ」（日本）と「ミクロネシア」「ポリネシア」などの太平洋上の島々をかけ合わせた造語である。日本列島から台湾・南西諸島への連なりを島弧としてとらえる大きな空間のなかで、日本列島に積み重なってきた歴史や文化を位置づけしなおし、相対化するための考え方だ。

ならば山口県の「ヤマグチア」化はどうだろう？　というのが本書で試みたことのひとつだ。台湾との歴史的・空間的つらなりを感じながら県内各地をめぐるなかで、「長州」や「明治維新」というイメージのみで語られがちな山口県の、素《す》の在りかたが立体的にゆらめき立ち昇るのではないか。その意図が成功したかはともかく、見えてきたのは「まえがき」のイラスト（５ページ）で描いたように、大海原に半島のように突きでた山口県のすがたである。長州という文脈で山口県が語られるずっと前から、アサギマダラは気流にのって旅していたし、漁師たちは黒潮や対馬海流にのって彼方へと出かけ、潮といっしょに多様な文化が多方向から山口県で交差しては広がっていった。山口県は日本のなかでも特に国外へ移民した人が多い。食糧難などその時々の理由はあったろうが、海に開けた土地に暮らす山口人にとって、陸で移動するよりも海にむかって、世界や未来は大きく拓けてきたのだと思う。

本書の執筆に際しては、ほんとうに沢山のかたのお世話になった。最初の取材から台湾での出版、今回の日本での出版を通じてサポートしてくださった一般社団法人 山口県観光連盟、ご協力いただいた市町の観光課・観光協会の皆様には感謝の言葉が尽きない。

また本書が、西日本出版社・内山正之さんの手で出していただけることが、とても嬉しく有難い。はじめて西日本出版社のＨＰを観たときに「本籍地のある本」というキャッチコピーを目にし、ぜひとも一緒に山口本を作れたらと思った。内山さんのパワフルさと足腰の強さをみていると、わたしも頑張ろうと励まされる。ご縁をつなげてくださった山中真紀さんと台湾殷海光基金會の林安琪さんに感謝している。

そして時間のないなか共に全力疾走してくださった金木犀舎の浦谷さおりさんには、とてもお世話をかけた。日本の編集者の方と一緒に本をつくるのは初めての経験だったが、丁寧で的確なやり取りを通して多くのことを教えていただき、心からの感謝にたえない。

最後に、こころよく取材に応じてくださった皆さま、協力・応援してくださったすべての皆さまにもこの場を借りて深く御礼を申し上げたい。

２０１８年10月　秋の気配ふかまる台北にて

栖来ひかり

参考資料

《草木塔抄》種田山頭火
《山頭火の世界》李芒／春陽堂
《上山満之進の思想と行動》児玉識
《記憶による回想》小澤太郎
《蓬莱米談話》磯永吉／山口農業試験場雨読会
《牛道を歩みて～和牛経営調査紀行》中山清次
《千年のたんぼ》石井里津子／旬報社
《遠い空　国分直一、人と学問》安渓遊地、平川敬治 編
《賀田金三郎翁小伝》吉武源五郎
《台灣西方文明初體驗》陳柔縉／麥田
《林百貨　臺南銀座摩登五棧樓》陳秀琍　主撰、姚嵐齡　協撰／前衛
《台湾の表層と深層》福屋利信／かざひの文庫
《聞き書　山口の食事》日本の食生活全集㉟／農文協
《山口「地理・地名・地図」の謎》山本栄一郎／実業之日本社
《故宮物語》野嶋剛／勉誠出版
《安閑園の食卓》辛永清／集英社文庫
《忘却の引揚げ史》下川正晴／弦書房
《教育の聖地・芝山巌を歩く》片倉佳史／交流Ｎｏ．８３０
《土井ヶ浜遺跡の発見・発掘史》河野俊平／陶片居古美術研究所
《狂飆的年代　近代台灣社會菁英群像》林柏維／秀威資訊
《臺灣省日僑遺送紀實》日僑管理委員會
《宮本常一集23》宮本常一／未来社
《幽囚録》吉田松陰／『松陰先生遺著 第1巻』所収
《夢はるかなる》古川薫／ＰＨＰ文庫
《名水紀行》佐々木健／春陽堂書店
《るいネット》
http://www.rui.jp/ruinet.html?i=200&c=400&m=313591
《『おクジラさま　ふたつの正義の物語』佐々木芽生監督に聞く》
http://www.nippon.com/ja/currents/d00351/?pnum=1
《混血列島論》金子遊／フィルムアート社

取材協力

一般社団法人 山口県観光連盟

栖来ひかり（すみき・ひかり）

道草者，文筆家。1976 年うまれ。
山口県出身、京都市立芸術大学美術学部卒、2006 年より台湾台北市在住。
日本の各媒体に台湾事情を寄稿している。
台湾に暮らす、日々旅にして旅を栖とす。
著書『在台灣尋找 y 字路／台湾、Y 字路さがし。』（玉山社 /2017）
『山口，西京都的古城之美：走入日本與台灣交錯的時空之旅』（幸福文化 /2018）
個人ブログ：『台北歳時記～ taipei story』

台湾と山口をつなぐ旅

2018年12月7日初版第 1 刷発行

著者・絵　栖来ひかり
発行者　内山 正之
発行所　株式会社西日本出版社
〒 564-0044　大阪府吹田市南金田 1-8-25-402
営業・受注センター
〒 564-0044　大阪府吹田市南金田 1-11-11-202
TEL 06-6338-3078　FAX 06-6310-7057
ホームページ　http://www.jimotonohon.com/
郵便振替口座番号 00980-4-181121

編集　浦谷さおり（金木犀舎）
装幀　中島佳那子（鷺草デザイン事務所）
印刷・製本　株式会社シナノパブリッシングプレス

©2018 Hikari Sumiki, Printed in Japan

ISBN978-4-908443-39-8　C0026

定価はカバーに表示してあります。
乱丁落丁は、お買い求めの書店名を明記の上、小社受注センター宛にお送り下さい。
送料小社負担でお取り替えさせていただきます。